少儿礼乐文化

先秦卷

周永源
彭笑远
李伟波 主编

中国文史出版社

《少儿礼乐文化》（先秦卷）系北京青少年教育与发展研究基地成果、北京青年政治学院委托项目“青少年中华礼乐文化传承研究”（项目编号：WT2020002）成果、北京青年政治学院委托项目“少儿礼乐文化教育研究”（项目编号：WT202102）成果。

前 言

亲爱的少儿读者朋友们，当你们看到《少儿礼乐文化》（先秦卷）时，也许会对书名产生好奇。因为中华优秀传统文化中蕴含着丰富的礼乐文化，因此，学习和传承中华优秀传统文化就应对中华礼乐文化有所了解和认识。

中华礼乐文明制度的建立始于周公，著名学者王国维在《殷周制度论》中提出："中国政治与文化之变革，莫剧于殷周之际。……此数者，皆周之所以纲纪天下。其旨则在纳上下于道德，而合天子、诸侯、卿、大夫、士、庶民以成一道德之团体。周公制作之本意实在于此。"王国维此处提到的殷周之变革，就是西周初期由周公首创的礼乐制度，开启了中华传统文化中的礼乐文化。在此基础上，春秋时期的孔子创造性地继承和发展了周公所创的礼乐文化，将礼乐制度进一步转换为礼乐文化，从礼乐制度延伸和深化到礼教和乐教，以期培养彬彬有礼的君子。因此，孔子在周公制礼作乐的基础上，本着人本主义，将“仁”作为“礼乐文化”之道，充分注重“礼乐”背后“仁”的价值，强调“仁”内而“礼乐”外，二者相生相谐，并进而对后世的儒家礼乐文化形成了深远的影响。

中国的先秦时期是一个百家争鸣的时期。在这一时期，涌现出很多富有原创性、思想性的思想家和典籍，对于礼乐文化均有独到的见解。从《国语》所涉及的事件以及记录的劝谏者或议论者、预判者的政治倾向，可以看出，处于风雨飘摇、礼崩乐坏时代的《国语》作者，对于曾经辉煌且等级和社会井然有序的礼乐文明的无限怀念，以及试图捍卫和修复礼乐制度的努力。老子和孔子一样，生活在一个礼崩乐坏的时代。孔子希望重构礼乐价值以改变天下大乱的局面，老子则不如此看。在老子看来，治乱本身是相对的，治乱循环大抵不可避免。同时，礼本身有太强的人为色彩，是丧失素朴走向繁华的开端，难免于导向人心浇薄，天下大乱。当然，老子并不绝然反对礼乐，如大音希声所体现的，好的礼乐总是留有余地的、自然生发的、无所作为的。老子所开辟的道家，构成了儒家之外中国传统的又一主流。或以为儒道互补，或以为儒道同源，大抵而言，两者兼而有之。庄子的深刻表现在对于世俗价值的全面重估，包括儒家所提倡的礼乐。当然，这种重估在某种意义上是老子思想的深入发展，对于礼乐的价值判断也并不完全一致，以音乐而论，庄子则为传统的音乐美学奠定了重要的思想基础。《列子》一书，各篇文体形式与《庄子》相类，各篇之中，寓言同样占很大篇幅。总体而言，思想具有道家特色，提倡以虚为贵，崇尚无为自然之道。就礼乐而论，视儒家所倡导的礼乐无补于天下的治与乱，相对于此，提倡一种非功利主义的生活态度。《管子》一书蕴含着丰富的民本思想、德治思想、法治思想、教化思想、军事思想、乐教思想，构建了一套系统而完备的王道政治理想的思想体系，在中国思想文化史上具有独特的学术价值。墨子虽然从儒家中学习到很多，如《墨子》书中曾多次引用古代史书和《诗》《书》等儒家经典，在《亲士》《修身》《所染》等早期著述中均能看到儒家思想的影响。但后来墨子看到儒家学说“其礼烦扰”“厚葬靡财而贫民”等弊端，认为对国家民生有害，所以就背离了儒家，创立了自己的墨家学派。因此，墨子主张以“兴天下之利，除天下之害”为总方针，通过“十论”来加以落实。“十论”即：兼爱、非攻；尚贤、尚同；尊天、事鬼；节用、节葬；非乐、非命。《孔子家语》中的很多内容关涉重大的历史文化事件，比如有关孔子的身世、家世、求学、为政、施教等内容以及孔子周游列国、问礼老子、与国君对答以及有关礼乐制度、历史自然等的论述。

为了便于少儿读者朋友阅读和学习中华礼乐文化内容，《少儿礼乐文化》（先秦卷）在选编方面遵循以下原则：

一、在选编范围上：《少儿礼乐文化》（先秦卷）主要集中于先秦经典，重点选择了《国语》《老子》《庄子》《列子》《管子》《墨子》《孔子家语》等七部经典。这些经典均蕴含着丰富的礼乐文化内容。

二、在选编内容上：在对以上七部先秦经典中的礼乐文化内容进行选编时，以少儿读者为主要阅读对象，重点选择中华礼乐文化中与少儿教育有关的内容，即对今天的少儿读者德育、美育培养有所助益的中华礼乐文化内容。

三、在选编的体例上：选编以上七部先秦经典中适合少儿读者学习的礼乐文化内容，采用原文、注释、译文、点评相结合的体例进行撰写，同时有助于少儿读者在此基础上，按图索骥，进一步去探寻更宽广、更深入的先秦经典内容。

以上就是我们对《少儿礼乐文化》（先秦卷）的介绍，相信少儿读者朋友们对本书有了一定的了解，下面就邀请大家一起开启阅读之旅吧。

目 录

《国语》

《国语》概论

《国语》以国分目，记语为主，故名《国语》。它记录了上起周穆王十二年西征犬戎（约公元前964年），下至战国初年赵、魏、韩三家灭智伯（公元前453年），即春秋和战国早期500多年间的历史。《国语》共21卷（篇），分记周王朝及鲁、齐、晋、郑、楚、吴、越七国涉及重要事件的人物言论。《国语》是流传至今所存的我国最早的国别体史书。它与《左传》《战国策》《竹书纪年》等史书一起，都是自先秦以来保留至今的重要的历史著作和历史文献。

一、《国语》果真是左丘明所著吗

这个问题，其实很久以来就一直是个单选题，是，或者不是。如果认为不是，也并无其他具体作者。司马迁的《报任安书》中说，“左丘失明，厥有《国语》”。《汉志》有言，“《国语》二十一篇，左丘明著。”但隋唐之后，尤其是宋、明、清时期，经很多国学大师研究考证，基本推翻了《国语》是左丘明亲自撰写的论断。大家比较一致的看法是，此书确与左丘明有关，但其成书当在战国早期或汉初，应为孔儒后辈整理多国史料，加工整理而成。因此，《四库全书》在收录《国语》时，将它从“经部”编入“史部·杂史”。虽说事已如此，但笔者在此还是想多争辩一句，难道生活在公元前2世纪的司马迁和公元1世纪的班固，不比宋、明、清时的大师们，掌握的作者资料更多吗？

话说到此，就有个问题需要交代一下：为什么左丘明和《左传》《国语》都有或密亦疏的关系呢？要说清这个问题，就必须稍稍提一下中国悠久的史官制度啦！我国古代史官建制甚早，最早的史官虽名为史官，但其职责和地位却与我们现在所理解的史官有很大区别，基本上是属于早期王国中知天晓地、沟通神人、指引王国发展方向的核心骨干。西周建立后，各项制度日益完备，官员分工也更加具体，王朝及诸侯各国均设有史官，编制健全，分工明确，有大史、小史、左史、右史等职，如“左史记言，右史记事”。史官至此方成为专门记载国家大事和重要言论、文件的专职工作者。左丘明就是活跃在这个群体中的重要一员，而且是一位学问渊博，见识高明的盲人史官。他与儒学的缔造者孔子应有比较深厚的友谊，在思想上多有相通和共鸣，所以在很长一段时间里，其《左传》被儒生称作《春秋内传》，《国语》被认为是集《左传》没有完全收进去的各国历史文献，以记言为主，分记春秋及战国初年八国史事，名曰《国语》，故《国语》被称为《春秋外传》。如将《左传》和《国语》做一下对比，就很容易发现，这两部书都是对于春秋那个社会大动荡、大变革时期史实的记载，只不过《左传》是编年体，《国语》是国别体；《左传》长于“记事”，《国语》长于“记言”。从两部书在记载上有意避免重复，并可相互参证这个特点来看，即使最后将《国语》整理编辑成书的人不是左丘明，但他应该也与左丘明有某些渊源，并且一定是认真阅读过《左传》的人，否则便不会在内容上有意识地补其缺遗了。

二、《国语》包括哪些国

《国语》全书二十一卷，按照一定顺序分国排列。在内容上偏重于记述历史人物的言论。由于其成书时期处在社会急剧动荡变革的“礼崩乐坏”时代，旧的礼乐文明体系已然千疮百孔，新的社会秩序及治国思想尚未成熟，所以《国语》所记内容还是相当纷繁复杂、多姿多彩的，举凡“邦国成败，佳言善语，阴阳律吕，天时人事逆顺之教”概被纳入。

《周语》三卷，记载了西周穆王、厉王直至东周襄王、景王、敬王时有关“邦国成败”的部分重大政治事件，反映了从西周到东周的社会政治变化的过程。《鲁语》二卷，着重记载鲁国上层社会一些历史人物的言行，反映了春秋时期这个礼义之邦的社会面貌。《齐语》一卷，主要记载管仲辅佐齐桓公称霸采取的内政外交措施及其主导思想。《晋语》九卷，为全书最为丰富之属，篇幅占全书三分之一，比较完整地记载了从武公替晋为诸侯，献公之子的君权之争，文公称霸，一直到战国初年赵、魏、韩三家灭智氏的政治历史，从公元前678年到公元前453年，时间长，分量重，这也是有学者把《国语》称为“晋史”的原因所在。《郑语》一卷记周太史伯论西周末年天下兴衰继替的大局势。《楚语》二卷，主要记灵王、昭王时的历史事件。《吴语》一卷、《越语》二卷记春秋末期吴、越争霸的史实。

三、《国语》的“记言”价值有哪些

“语”，本是早期国家的一种著作形式，也是贵族弟子的教科书。《国语·楚语上》中说，楚庄王要教育太子，大夫申叔时提出了面向未来政治领袖，必须接受的九项教育内容：《春秋》《世》《诗》《礼》《乐》《令》《语》《故志》《训典》等。其中，《语》的作用是“使明其德，而知先王之务用明德于民也”。此“语”与今本《国语》相比照，大体相近，流传至今的《论语》、《短语》（归入《管子》中）、《新语》等等，实际也是同样性质的“语”书。

《国语》记录了各国贵族间朝聘、宴飨、讽谏、辩说、应对之辞以及部分历史事件，无论是从历史著作角度，抑或历史文学角度，都具有重要且独到的价值。

一、《国语》所记各国“语”在全书所占比例不一，各有侧重。比如《周语》对东西周的历史都有记录，侧重论政记言。《鲁语》记春秋时期鲁国的事件，很少重大事件，只是一些小故事议论。《齐语》记载了齐桓公称霸之事，主要是管仲和桓公的言语。《晋语》特别侧重于记述晋文公的事迹等。

二、谏言、论述、论断、外交辞令是《国语》的主要内容，对于我们了解周朝的礼乐文化及社会治理详情，有很重要的意义。这一点在选文中有具体说明。

三、从《国语》所涉及的事件，以及记录的劝谏者或议论者、预判者的政治倾向，可以看出，处于风雨飘摇、礼崩乐坏时代的《国语》作者，对于曾经辉煌且等级和社会井然有序的礼乐文明的无限怀念，以及试图捍卫和修复礼乐制度的努力。这也是本选文以“守礼”为目的的原因所在。

四、《国语》所记言，在形象思维和逻辑思维方面都很缜密，语言古朴简洁，又有通俗化、口语化的特点，生动活泼而富于形象性。议论时的旁征博引，对话中的巧譬善喻，使文章理由充足，曲折尽情，具有较强的说服力。如《召公谏厉王弭谤》，全文仅256字，除用数十字交代清楚前因后果外，主要是记西周政治家召穆公对周厉王弭谤暴政的谏言，议论中先是征引古代天子听言求治的事例来讽谏厉王，又用“民之有口，犹土之有山川”等客观存在的事实，论证“防民之口，甚于防川；川壅而溃，伤人必多”的观点，说明堵塞言路的危险性，切不可等闲视之。这段谏言，说理层层推进，有忠告，有警言，有理由，有办法，极富于逻辑性和说服力，成为后世安邦治国的至理名言。这种精彩的记言特点，对后世的议论文，特别是战国诸子的议论文有直接的影响。

五、《国语》不少对话颇能表现出人物的个性和精神面貌。如《晋语四》写齐姜与子犯谋划带走陷入温柔乡的重耳，重耳酒醒后非常愤怒，说粗话威吓舅舅和忠臣，其间你怨我怼的对话，幽默诙谐，人物的精神面貌跃然纸上。其他如《晋语》的《叔向谏杀竖襄》《董叔欲为系援》《赵简子欲有斗臣》等等，君臣们之间的那些对话，无不是巧言机智，妙趣横生，非常成功地刻画了人物个性和精神面貌，成为后世历史著作中语言技巧使用的典范。

四、《国语》的流传及注释

现在我们见到的《国语》二十一卷本，基本是出于汉人整理编定的本子。汉朝以来，不少经学家对《国语》做过注释，但这些注本都没有流传下来，现在能见到的最早，也是最流行的是三国时代吴人韦昭的注本《国语解》。韦昭的注本由于时代较早，其中又保留了许多古音、古训，乃至已经亡佚的如郑众、贾逵、虞翻、唐固等注本的片断，所以这个注本颇受学者的重视。

后人在韦昭注解基础上补作的注释，较著名的有两种，一种是清人董增龄的《国语正义》，一种是近人徐元诰的《国语集解》。可称当前《国语》校注本之最佳者。2002 年，中华书局又出版了经王树民、沈长云二先生点校的《国语集解》。每卷之后，都附有点校者所作校记，在最大程度上弥补了徐元诰《国语集解》编撰工作粗疏而导致的讹误。2006 年修订本附上了人名索引。

上海师范大学古籍整理研究所校点《国语》，以《四部备要》收录的士礼居翻刻明道本《国语》为底本，参校《四部丛刊》影印明代翻刻公序本，并吸收了一些前人的校勘成果，略加按语，由上海古籍出版社 1978 年出版，后又修订重版多次。此为目前最易得之本，也是权威点校本，后来的《国语》译注本都以其为底本、参酌他本而成。

傅庚生《国语选》，由人民文学出版社 1959 年出版，该书的影响比较大。1990 年高振铎、刘乾先《国语选译》，巴蜀书社出版，简单易学。贵州人民出版社 1995 年出版的黄永堂女士译注的《国语全译》，发行量较大，影响较广，也适合初学者阅读学习。

《国语》选编

一、守礼以治国安邦

【原文】

祭公谏穆王征犬戎

穆王将征犬戎[1]，祭公谋父谏曰[2]："不可。先王耀[3]德不观[4]兵。夫兵戢而时动[5]，动则威，观则玩，玩则无震[6]。是故周文公之《颂》曰[7]：'载戢干戈，载櫜[8]弓矢。我求懿德[9]，肆于时夏[10]，允王保之[11]。'先王之于民也，懋[12]正其德而厚其性，阜其财求而利其器用[13]，明利害之乡[14]，以文[15]修之，使务利而避害，怀德而畏威，故能保世以滋[16]大。

“夫先王之制，邦内甸服[17]，邦外侯服[18]，侯、卫宾服[19]，蛮、夷要服[20]，戎、狄荒服[21]。甸服者祭[22]，侯服者祀[23]，宾服者享[24]，要服者贡[25]，荒服者王[26]。日祭、月祀、时享、岁贡、终王，先王之训也。有不祭则修意[27]，有不祀则修言，有不享则修文，有不贡则修名，有不王则修德，序成而有不至则修刑。于是乎有刑不祭，伐不祀，征不享，让[28]不贡，告不王；于是乎有刑罚之辟，有攻伐之兵，有征讨之备，有威让之令，有文告之辞。布令陈辞而又不至，则增修于德而无勤[29]民于远，是以近无不听，远无不服。

“今自大毕、伯士之终也，犬戎氏以其职来王。天子曰‘予必以不享征之’，且观之兵。其无乃废先王之训而王几顿[30]乎！吾闻夫犬戎树惇[31]，帅旧德而守终纯固[32]，其有以御我矣！”

王不听，遂征之，得四白狼、四白鹿以归，自是荒服者不至。

——《国语·周语上》

【注释】

[1] 王：西周国君，名满，昭王之子，康王之孙。犬戎：活动于西周边陲的少数民族部落，犬戎是当时对于少数民族部落的蔑称。

[2] 祭（zhài）公谋父：字谋父，周公的后代，当时在朝廷中担任卿士。因封于祭（今河南荥阳东北），故称祭公。

[3] 耀：明，彰明。

[4] 观：示，夸炫。

[5] 戢（jí）：聚集，收藏。时动：按一定的季节行动，如春夏秋务农，冬季习武。

［6］玩：意思同“黩”，指滥用武力。震：惧，惧怕。

［7］周文公之颂：周文公指周公。此处所引诗出于《诗·周颂·时迈》，此诗相传是周公为颂扬武王伐纣而作，故称周文公之颂。

［8］櫜（gāo）：收藏弓箭的袋子。

［9］懿（yì）德：美好的品德。

［10］肆：传扬；时：通“是”，这。夏：大的乐歌。

［11］允：相信。保：保有。相信武王能够保有时夏之美。

［12］懋：勉励。

［13］阜：大，扩大其财求，不设置障碍。用：此指农具一类工具。

［14］乡（xiàng）：同“向”，方向。

［15］文：指礼乐文明之制。

［16］滋：增益，加多。

［17］邦内：指天子畿内千里之地。《商颂》：“邦畿千里，维民所止。”甸，王的田地；服，服其职业。邦内之民以耕作田地，纳税出兵，服事天子，称甸服。

［18］邦外：此指甸服以外五百里的区域。古代王畿外围的地方，以五百里为率依次分为五等，甸服以外五百里为侯服，由王分封给诸侯；侯服以外的五百里为绥服（此处称宾服），是介于诸侯和边疆之间的区域；宾服之外为要服、荒服，是王朝影响能及的边地。侯服，言诸侯国为王前驱而服事天子。

［19］侯卫：诸侯国的外围，即侯服以外五百里的区域。宾服，因不是诸侯，而以宾客的身份服事天子。

［20］蛮夷：古代对边远地区民族的蔑称。要服：指侯卫以外五百里的区域。要，束缚，因蛮夷之地距离国都远，依靠盟约约束他们，并以盟约规定服事天子，故称要服。

［21］荒服：因戎狄之地距离国都更远，处于荒野，就顺应其风俗习惯服事天子。

［22］祭：指供应天子每天祭祀所需的物品。

［23］祀：指供应天子每月祭祀所需的物品。据记载，从尧舜至于周朝，侯服者都是一年朝见天子一次。

［24］享：献。指供应天子四时的享献，祭祀天子的始祖。依据《周礼》，侯卫宾服者五年朝见一次天子。

［25］贡：岁贡。要服者每六年朝拜一次天子。

［26］荒服者王：指最远处的部落首领或各小国，承认周天子的地位，每一王去世，新王即位，即以本国珍宝做礼物来朝见天子。

［27］意：思想意念。

［28］让：谴责。

［29］勤：劳苦。

［30］几：危险，倾覆前兆；顿：败坏、毁弃。

［31］树惇：指建立淳朴、天然的民风。

［32］帅：遵循。纯固：指专一。这句是说，祭公不同意穆王讨伐边疆少数民族部落的原因，认为他们能够遵循先祖的品德，专一不变地兑现了对于周王的承诺，没有违背礼仪规范。

【翻译】

周穆王将去征讨犬戎，祭公谋父劝阻说："不能这样做。先王以道德昭示天下而不炫耀武力。平时敛藏军队而在适当的时候动用，这样它才会显示出威力，炫耀就会滥用，滥用便失去了威慑作用。所以周公的颂诗说：'收起干戈，藏好弓箭，我只求让美德遍及全国而发扬光大，相信我王定能长保封疆。'先王对于百姓，鼓励他们端正德性和敦厚品行，广开财路以满足需求，使他们有称心的器物使用，明示利害所在，依靠礼法来教育他们，使他们能趋利避害、感怀君王的恩德而畏惧君王的威严。所以先王能使自己的基业世代相延并不断壮大。

"按照先王的制度规定，在王畿内的是甸服，在王畿外的是侯服，侯服之外的是宾服，夷蛮地区是要服，戎狄地区是荒服。属甸服的供日祭，属侯服的供月祀，属宾服的供时享，属要服的供岁贡，属荒服的则有朝见天子的义务。这每天一次的祭、每月一次的祀、每季一次的享、每年一次的贡和一生一次的朝见天子之礼都是先王定下的规诫。如果甸服有不履行日祭义务的，天子就应内省自己的思想；侯服有不履行月祀义务的，天子就要检查自己的号令；宾服有不履行时享义务的，天子就要检查法律规章；要服有不履行岁贡义务的，天子就要检查名号尊卑；荒服有不履行朝见天子义务的，天子就要内省自己的德行，依次做了上述的内省检查后如还有不履行义务的才可以依法处置。因此，才有惩罚不祭、攻伐不祀、征讨不享、谴责不贡、告谕不朝的各种措施，才有惩罚的刑法、攻伐的军队、征讨的武备、谴责的严令、晓谕的文辞。如果颁布了法令、文告后还有不履行义务的，那就再一次内省自己的德行而不轻易劳民远征。正因为如此，近处的诸侯才没有不听从的，远处的诸王也没有不信服的。

“如今，自从大毕、伯士去世以后，犬戎的君长一直按照荒服的职责来朝见，而天子却说‘我将以不享的罪名去讨伐他们’，并以此向他们炫耀武力。这难道不是废弃先王的遗训而使王业败坏吗？我听说犬戎民风敦厚纯朴，能够遵循先祖的品德，专一不变地兑现了对于周王的承诺，没有违背礼仪规范。他们是有能力抵御我们的。”

周穆王不听劝告，去征讨犬戎，结果只得到了四只白狼、四只白鹿回来。（但此次征伐导致的后果是）从此荒服地区的诸侯再也不来朝见了。

【点评】

本篇要点是周公后代祭公谋父依循周初有关中央和地方礼乐制度规定，向周穆王谏言不宜征伐边陲少数民族部落的道理。阅读本篇可以帮助我们了解周朝和地方关系的礼制规范。

周穆王（约公元前1026年—约公元前922年），姬姓，名满，又称“穆天子”，西周第五位君主，在位约55年，是西周在位时间最长、最富有传奇色彩的天子。他在位期间，曾征犬戎、伐徐戎、作甫刑（亦称《吕刑》）。此外，还有关于穆王西游见西王母的记载，《穆天子传》记载最为详细。

周穆王十二年（约公元前964年），边疆部落没有及时进贡，周穆王以此为由，亲自领兵征伐。大臣祭公谋父提出不同意出征的意见，主张实行文王时“耀德不观兵”的政策，即以政治手段求得“荒服”，但穆王不接受建议，执意西征。由于史料缺乏，战争经过不详。从战果来看，此次战争的军事胜利并不大，仅仅“得四白狼四白鹿以归”。而且由于穆王对边疆部落采取高压的政策，导致的后果对周极为不利。“自始荒服者不至”，边远国家不再朝见周穆王，说明周王朝在周边外族中失去了威信。

周穆王在位期间东征西伐，虽然疆土不断扩大，但因常年征讨，朝政松弛，民怨沸腾。自穆王之后，周王朝开始由盛而衰。

【原文】

邵公谏厉王弭谤

厉王虐[1]，国人谤王[2]。邵公告曰[3]：“民不堪命矣！”王怒，得卫巫[4]，使监谤者，以告，则杀之。国人莫敢言，道路以目[5]。

王喜，告邵公曰：“吾能弭谤[6]矣，乃不敢言。”邵公曰：“是障[7]之也。防民之口，甚于防川。川壅[8]而溃，伤人必多，民亦如之。是故为川者决之使导，为民者宣之使言。故天子听政，使公卿至于列士献诗[9]，瞽献曲[10]，史献书[11]，师箴[12]，瞍赋[13]，矇诵[14]，百工谏[15]，庶人传语，近臣尽规，亲戚补察，瞽、史教诲，耆、艾修之[16]，而后王斟酌焉，是以事行而不悖。民之有口，犹土之有山川也，财用于是乎出；犹其原隰之有衍沃也，衣食于是乎生。口之宣言也，善败于是乎兴，行善而备败，其所以阜财用、衣食者也。夫民虑之于心而宣之于口，成而行之，胡可壅也？若壅其口，其与能几何？”

王不听，于是国莫敢出言，三年，乃流王于彘[17]。

——《国语·周语上》

【注释】

［1］王：西周国君，姓姬名胡，周恭王的曾孙，周穆王的四世孙，公元前878年—公元前841年在位。

［2］国人：当时对居于国都的人的通称。这些人一般是自由民，有参与议论国事的权利。相对应的是居住于国都之外的，被称为野人。谤：议论，责备。

［3］邵公：亦作“召公”。西周初召公奭的后代，名虎，当时在朝廷中担任卿士。因封于召（今陕西岐山西南），故称召公。

［4］卫巫：卫地（今河南淇县一带）的巫师。

［5］道路以目：民众相遇于道路，不敢交谈，只能彼此以眼神示意。

［6］弭（mǐ）谤：消除了谈论和责难。

［7］障：本指防水的堤坝，此处为阻挡、堵塞之意。

［8］壅：堵塞。

［9］公卿：朝廷的高级官员。列士：朝廷的低级官员。

［10］瞽（gǔ）：乐官。据韦昭《注》，无目者称瞽。曲，乐曲。瞽者所献乐曲多采自民间，能够反映人民的意见。

［11］史：此处指记事记言的史官。

[12] 师：师氏的简称。《周礼》以之为教国子之官。

[13] 瞍（sǒu）：韦昭注谓“无眸子曰瞍”。

[14] 矇：韦昭注谓“有眸子而无见曰矇”。

[15] 百工：主管营建制造等事务的官职。

[16] 耆（qí）艾：指老年人、老臣。

[17] 彘：地名，今山西霍县。据记载，这件事发生在公元前 841 年。

【译文】

周厉王暴虐无道，国人都指责他。召公报告说：“民众承受不了了。”厉王很生气，找来卫地的巫师，派他监视指责天子的人，卫巫报告后便杀掉他们。从此国人没有谁敢说话，路上遇见只用眼神来示意。厉王很高兴，对召公说：“我能禁止诽谤了，这些人不敢讲了。”召公说：“这是你堵住了他们的嘴巴。堵住民众的嘴巴，比堵塞河流还要可怕。河流若被堵住而决口，伤害的人一定多，民众也是如此。因此治理河道的人要排除堵塞，让水流畅通，治理民众的人要引导百姓说话。所以，天子处理政事，要让列卿列士献呈民间诗歌，乐官献呈民间乐曲，史官献呈史书，师氏进箴言，瞍者朗诵，矇者吟咏，百工劝谏，平民的议论上达，近臣尽心规劝，宗室姻亲补过纠偏，乐官、史官施行教诲，元老重臣劝诫监督，然后天子再斟酌取舍，因此政事才能施行而不与情理相违背。民众有嘴可以说话，好比土地上有山岭河流一样，钱财开支就从这里产生出来；好比高低起伏的大地上有平川沃野一样，衣服食物就从这里产生出来。能口出议论，政事的好与坏能借以反映，才可做好事而防止坏事，方能使财源旺盛、衣食富足。民众心里所考虑的在口头上流露出来，这是很自然的行为，怎么可以强行阻止呢？如果堵住他们的嘴巴，那么还能支撑多久呢？”

厉王不听劝告，于是国都里没有人敢说话，过了三年，国人便把厉王放逐到彘地去了。

【点评】

本文生动地记录了邵公对于周厉王的劝谏，并对于“国人暴动”这一事件的始末做了扼要的记述。邵公谏言“防民之口，甚于防川”，成为先秦时期民主政治思想的代表性言论，并广为流传。

国人暴动，又称彘之乱、国人起义、厉王奔彘，是公元前842年发生在西周首都镐京（今陕西省西安市长安区西北）的以平民为主体的暴动。周厉王被迫逃奔彘地（今山西霍县东北），并于十四年后病死于此地。

公元前841年，召穆公与周定公代行王政，并改称年号为“共和”，史称“周召共和”或“共和行政”。

在此特别需要说明的是，周召共和是中国历史上的一件非常重要的事件！正是从共和元年即公元前841年开始，中国的历史有了确切的纪年，从此一直到今天，千百年来，历史记载从不曾间断！这是中国历史得以保证延续性的重要开端。

【原文】

虢文公谏宣王不籍千亩

宣王[1]即位，不籍千亩[2]。虢文公[3]谏曰："不可。夫民之大事在农，上帝之粢盛[4]于是乎出，民之蕃庶[5]于是乎生，事之供给于是乎在，和协辑睦于是乎兴，财用蕃殖于是乎始，敦庬[6]纯固于是乎成，是故稷为大官[7]。

"古者，太史[8]顺时覛土[9]，阳瘅愤盈[10]，土气震发，农祥晨正[11]，日月底于天庙[12]，土乃脉发[13]。

"先时九日，太史告稷曰：'自今至于初吉[14]，阳气俱蒸[15]，土膏其动[16]。弗震弗渝，脉其满眚[17]，谷乃不殖。'稷以告[18]王曰：'史帅阳官以命我司事[19]曰：距今九日，土其俱动。王其祇祓，监农不易[20]。'王乃使司徒咸戒公卿、百吏、庶民[21]，司空除坛于籍[22]，命农大夫咸戒农用[23]。

"是时也[24]，王事唯农是务，无有求利于其官以干农功[25]，三时务农而一时讲武[26]，故征则有威，守则有财。若是，乃能媚于神而和于民矣[27]，则享祀时至而布施[28]优裕也。

"今天子欲修先王之绪而弃其大功，匮神乏祀而困民之财，将何以求福用民？"

王不听。三十九年，战于千亩[29]，王师败绩于姜氏之戎[30]。

——《国语·周语上》

【注释】

［1］宣王：周宣王，名静，公元前827年—公元前782年在位，周厉王之子，西周第十一代君主。周宣王继位后，政治上任用召穆公、尹吉甫、仲山甫、程伯休父、虢文公、申伯、韩侯等贤臣辅佐朝政；军事上借助诸侯之力，任用南仲、召穆公、尹吉甫、方叔陆续讨伐猃狁、西戎、淮夷、徐国和楚国，使西周的国力得到短暂恢复，史称“宣王中兴”。但周宣王晚年对外用兵接连遭受失败，加之独断专行、不进忠言、滥杀大臣，宣王中兴遂成昙花一现，也为西周在周幽王时期的灭亡埋下伏笔。

［2］不籍千亩：不遵循天子亲耕田亩的古制。籍，意思为借，借民力来助耕。籍田，是古时帝王于春耕前象征性亲耕农田的一种重大仪式，表达奉祀宗庙，并鼓励和激励百姓重视农耕的意义。礼制规定，天子籍田千亩，诸侯籍田百亩。

［3］虢（guó）文公：周文王弟弟虢仲的后代，世为周王卿士，其封地于虢（今陕西宝鸡），故名。死后之谥为“文”。

［4］粢盛（zī chéng）：古时盛在祭器内以供祭祀的谷物。粢，祭祀用的谷类。盛，置放在祭祀器物中。

［5］蕃庶：蕃，生长；庶，众多。蕃庶意为繁荣的生长。

［6］敦：厚。庬（máng）：大。

［7］稷：本为一种粮食作物，即黍，古时以黍为百谷之长，中国以农立国，且“民以食为天”，因称其为大官。大官，汪远孙《国语发正》谓当为“天官”。

［8］太史：不是我们现代概念上的史官，而是掌管国家典籍、掌握星历和制定祭祀礼仪的官员。

［9］覛（mì）：察看，观察。

［10］瘅（dàn）：厚，盛。愤：积。盈：满。

［11］农祥：指二十八宿中的房星星宿（其代表星即天蝎座 π 星），东方苍龙七宿中的第四宿。祥：象，指天象。晨正：立春日，指房星在正月中的早晨出

现于南天，这就是立春日，是一年农事起始的星象征候。星宿为古人测定岁时季节的重要参照。按周历，正月是现在我们通用的农历的三月。

［12］日月底于天庙：天庙，指二十八宿中的室宿，即营室星，当时每到正月，太阳月亮交会于北方营室星。底，至、到。孟春之月，日月皆在营室。

北方玄武七宿包括斗、牛（牵牛）、女（须女）、虚、危、室（营室）、壁（东壁）。室宿为北方第六宿，因其星群组合像房屋状而得名“室”（像一所覆盖龟蛇之上的房子），《周官·梓人》：“龟蛇四游，以象营室也。”

又，室和壁是相连的两宿，古时曾两宿为一宿，称营室东壁，其后东壁从营室中分出，成了室、壁两宿。

［13］土乃脉发：脉，指土地的脉理。脉发，孟春三月，天气转暖，大地解冻，地气蒸腾，这时土地就像人体的血管一样膨胀充盈。《礼记·月令·孟春》：“是月也，天气下降，地气上腾，天地和同，草木萌动。”郑玄《注》“此阳气蒸达，可耕之候也。《农书》曰：‘春土冒橛，陈根可拔，耕者急发。’因冬土冻定，庄稼橛根与地平，孟春三月，土气升长，庄稼橛根冒出地面，陈根朽烂，农民会非常着急地将其拔去，开发其地。

［14］初吉：农历每月的朔日（初一），一说指初一至初七、八。

［15］蒸：升腾。

［16］膏：滋润；其动：松动，滋润后将要动。

［17］震：动；渝：变；眚（shěng）：灾。此句指，阳气俱升，土地被滋润后开始蠕动，人应该抓紧时机，帮助土地变动，发泄阳气，否则，就会脉满气结，埋下灾根，谷物就不好好生长了。

［18］指以太史之言告诉王。

［19］史：太史；阳官：春官；司事：主管农业的官员。

［20］祇（zhī）：敬，恭敬；祓（fú）：一种祭祀活动，指沐浴斋戒后，祈福除灾。监：到现场察看；不易：不改变农作物最适宜的生长节候。

［21］司徒：官名，《周礼·地官》谓大司徒主管教化，为六卿之一。百吏：

指百官。庶民：指专门为周王耕种千亩籍田的三百名农民。

［22］司空：官名，六卿之一，主管宫室营造、制造车服，监督手工业制造等。除坛于籍：在籍田上建高坛，准备祭祀祓除。

［23］农大夫：管种田、劝农耕种的官。农用：农具器物。

［24］是时：指立春前后所有的耕地、种田的农忙时期。

［25］求利：指为追求眼前利益使唤农民，使农民错过最好的耕种节点，干扰了农业大事。

［26］三时：指春、夏、秋。一时：指冬季。

［27］媚：取悦。

［28］布施：施舍财物。

［29］千亩：地名，在今山西省介休县。

［30］姜氏之戎：当时活动于周西部边地的少数民族之一。

【译文】

周宣王即位后，废弃了天子亲耕千亩籍田的礼仪。虢文公进谏道：“不能这样。民众的大事在于农耕，供奉上帝的祭品靠它出产，民众的繁衍靠它给养，国事的供应靠它保障，和睦的局面由此形成，财物的增长由此奠基，强大的国力由此维持，因此农官稷是很重要的官职。古时候，太史按时令察看土情，看到日照时数逐渐增多，阳气积聚充足，冻结的土地开始回暖松动，房星在正月的凿齿出现于南天，太阳月亮都交会在北方都营室星所在天空，立春时节就到了，土气已充盈升腾了，需要及时耕地松土，发散土气了。

“开耕前九天，太史告诉稷说：‘从现在到月朔，阳气全部蒸腾上升，土地润泽萌动。如果不及时翻土，若没有震荡、没有变化，那就会导致地脉郁结而产生病虫害，庄稼将没有收成。’稷将这些情况上奏天子说：‘太史带领掌管祭祀礼仪的官员，来通知我们掌管农事的官员：开耕还有九天，土地都已润动。请陛下恭行祈福祛灾祭祀，督促农务不致荒废。’于是天子派司徒一一告诫公卿、百吏和在籍田服役的农民做好准备，司空在籍田上建土台，并命令农大夫准备好农具。

“农忙时期，天子把农业生产看成是唯一大事，从不要求自己的官员干别的事而妨碍农务，春、夏、秋三季，主要就是务农，只有冬季才演习武功，因此征伐才有威势，平时守备时才有财力物力的保障。像这样，才能取悦于神灵而得到民众拥戴，祭祀贡品能按时献上而且能布施给百姓充裕的用度。

“现在陛下打算继承先王的事业，却要废弃先王赖以成就事业的农事，使祭祀神灵的贡品匮乏，并阻塞民众的财路，以后怎么求神的庇佑和役使民力呢？”

宣王不听劝谏。三十九年后，在千亩发生战争，王室的军队被姜氏之戎打败。

【点评】

本篇谏言有助于读者了解周朝基本的农业祭祀和农业生产的礼仪制度。谏言强调了天子籍田千亩的重要性，“民之大事在农”，“王事唯农是务”，农业经济在国家政治生活中占有头等重要的地位，天子“亲耕”千亩籍田的古礼必须坚决遵循，以起到鼓励百姓重视农耕、组织带动全国农事活动的作用。同时，谏言详尽地叙述了立春前九天、前五天以及立春日，古代天子举行籍田礼仪的全过程和相关的农事活动，反映出中国依天地运行规律，按节气耕种、以农立国的悠久传统。

二、守礼以敬德兴邦

【原文】

内史过论晋惠公必无后

襄王使邵公过及内史过赐晋惠公命[1]，吕甥、郤芮相晋侯不敬[2]，晋侯执玉卑[3]，拜不稽首[4]。

内史过归，以告王曰："晋不亡，其君必无后，且吕、郤将不免。"王曰："何故？"对曰："……长众使民，不可不慎也。民之所急在大事[5]，先王知大事之必以众济也，是故祓除[6]其心，以和惠民，考中度衷以莅之[7]，昭明物则以训之，制义庶孚[8]以行之。祓除其心，精也；考中度衷，忠也；昭明物则，礼也；制义庶孚，信也。然则长众使民之道，非精不和，非忠不立，非礼不顺，非信不行。今晋侯即位而背外内之赂[9]，虐其处者，弃其信也；不敬王命，弃其礼也；施其所恶，弃其忠也；以恶实心，弃其精也。四者皆弃，则远不至而近不和矣，将何以守国？

"古者，先王既有天下，又崇立上帝、明神而敬事之[10]，于是乎有朝日、夕月以教民事君[11]。诸侯春秋受职于王以临其民，大夫、士日恪位著以儆其官[12]，庶人、工、商各守其业以共其上。犹恐其有坠失也，故为车服、旗章以旌之[13]，为贽币、瑞节以镇之[14]，为班爵、贵贱以列之，为令闻嘉誉以声之[15]。犹有散、迁、懈慢而著在刑辟、流在裔土，于是乎有蛮夷之国，有斧钺、刀墨之民，而况可以淫纵其身乎？

“夫晋侯非嗣也[16]，而得其位，亹亹怵惕，保任戒惧，犹曰未也。若将广其心而远其邻，陵其民而卑其上，将何以固守？

“夫执玉卑，替其贽也；拜不稽首，诬其王也。替贽无镇，诬王无民。夫天事恒象，任重享大者必速及。故晋侯诬王，人亦将诬之；欲替其镇，人亦将替之。大臣享其禄，弗谏而阿之，亦必及焉。”

襄王三年而立晋侯，八年而陨于韩[17]，十六年而晋人杀怀公[18]。怀公无胄，秦人杀子金、子公。

——《国语·周语上》

【注释】

[1] 襄王：周釐王之孙，周惠王之子，名郑，公元前651年至前619年在位。邵公过：周大臣，邵穆公之后，名过。内史过：内史，周大夫之职，据《周礼·春官》，内史负责爵禄废置，策命诸侯及卿大夫等。过，此内史之名。赐命：天子赐予诸侯爵服等赏命，也写作“锡命”。赐命有辞，同时赐予玉圭、冕服等。晋惠公：晋国君，名夷吾，公元前650年至前637年在位，晋献公庶子，晋文公重耳的同父异母弟弟。

[2] 吕甥：亦作“吕省”，晋大夫。后文的“子金”亦指他，郤（xì）芮：亦作“冀芮”，晋大夫。后文的“子公”亦指他。其祖辈的封地在郤（今山西沁水下游一带），而本人的封地在冀（今山西稷山），故名。相：此指随从晋君参加受命礼仪。

[3] 执玉卑：玉指诸侯行礼时所执的玉圭。卑是低下的意思，据当时礼节，执礼器应平正适中。

［4］稽（qǐ）首：跪拜时以头触地，这是古人最尊敬的礼节。拜不稽首，弯腰行礼。

［5］大事：指祭祀和战争。

［6］祓除：举行除灾祈福的仪式。

［7］考：省；莅：临，接近。考中，谓反省自己之中心，以揣度他人之衷心，差不多就是接近了。

［8］义：宜，恰当，适合。庶：众。孚：信。当制立事宜。需要被大众信服才能施行。

［9］晋侯即位而背外内之赂：晋献公去世后，夷吾贿赂晋大夫里克、丕郑以为内应，在秦国帮助下回国复位，继位后却背弃了原先答应给予秦国土地的诺言，并杀死了里克、丕郑（下文的"虐其处者"亦指此事）。

［10］崇：尊崇。立：树立祭祀的位置。上帝：指天。明神：日月。

［11］朝日、夕月：即天子春分朝拜太阳，秋分朝拜月亮。拜日在东门之外，拜月在西门之外。此礼制在《周礼·春官》和《周礼·典瑞》中有详细记载。此句意为，天子至尊尚且拜日迎月，民事君同此理。

［12］恪：小心谨慎。位著：宫廷中庭左右的两侧叫位，门屏之间叫著，是君王站立的位置。位著，此处指在朝为官任职。儆：同"警"，警惕，戒惧。

［13］为车服、旗章以旌之：在车辆、服饰和旗帜上有不同区别，以此作为区别等级的标识。

［14］贽币、瑞节：分别指六贽、六币、六瑞、六节，是有官爵者所执的礼器，对于不同身份等级的人各有区别。详见《周礼·春官·大宗伯》及《周礼·秋官·小行人》。

［15］令闻：好名声。声：表彰，褒扬。指众臣有功德的，天子即用策命表彰之，赏赐爵秩。以上言治国礼制的周备。

［16］非嗣：重耳比晋惠公年长，根据古人"无嫡立长"的原则，在献公去世，太子申生被逼自杀后，应该由重耳继任国君。

［17］八年而陨于韩：指周襄王八年，晋惠公在秦晋韩原之战中战败被秦军俘虏，幸有秦穆公夫人伯姬（晋献公之女）拼死为弟弟惠公求情，三月后归晋。

［18］十六年而晋人杀怀公：指周襄王十六年，晋惠公去世后，由其子子圉继位（即怀公），晋人杀死怀公迎纳重耳归国继位。

【译文】

周襄王派邵公过与内史过向晋惠公颁赐任命，吕甥、郤芮随从晋惠公行礼时不恭敬，晋惠公执玉圭位置低于礼仪规范，朝拜时不行稽首礼。

内史过回到周都，把这种情况报告给周襄王，并说："晋国即使不灭亡，但它现任的国君一定会绝后，而且吕甥、郤芮将不能逃脱杀身之祸。"襄王问："为什么呢？"

内史过答道："……做万民君主、役使百姓时，不能不谨慎啊。民众所关心的是祭祀、战争之类的大事，先王懂得这样的大事必须靠民众才能办到，因此每有大事都要举行祈福除凶的仪式，清除心中的邪念并以此团结民众，将心比心地来处理政务，以明确的准则来教诲他们，施行众人拥护的事情。清除邪念，是纯洁；将心比心，是忠恕；明确准则，是守礼；众人拥护，是讲信。既然如此，做万民之主、役使百姓的关键在于：不清除邪念不能团结民众，不将心比心不能处理政务，不守礼仪就不合乎制度，缺乏信用就无法行事。现在晋侯刚继位就违背了对国家和大臣许下的诺言，杀害与自己共事的人，是背离了信；不尊重王命，是背离了礼；把自己所厌恶的事施加于人，是背离了忠恕；心中充满了邪念，是背离了纯洁。这四条都违背了，关系远的就不来交往，关系近的也不相和睦，将凭什么来保全国家？

"古时候，先王得了天下，又尊崇上帝、神灵而敬奉他们，于是有天子在春分、秋分祭祀日、月这样的仪式，来教育民众事奉君王的道理。诸侯在春、秋两季受命于天子来治理百姓，大夫、士天天在自己的官位上小心供职，庶人、工、商各守其业来为君王效劳。尚且担心有所疏漏，所以制定了舆服、旗帜来区分标志，规定了贽币、瑞节来强调等级，定下了爵位、贵贱来确立秩序，设下了美名、荣誉来表彰功臣。但仍然有散慢、失职、懈怠、懒惰者，就用法令而惩处犯罪，把罪犯流放到边远地区，这样中国的边境就有了蛮、夷这样的国家，有了受到刑罚制裁的罪民，人哪里还敢放纵自己呢？

“晋侯夷吾本不是晋献公的嫡长子，却得到了先人的爵位成为国君，勤勉地任事、小心地供职，还怕不行呢。假如放纵自己，疏远邻国，欺压人民，不敬天子，将怎么确保基业？

“执玉的位置低了，是废弃了臣子的朝拜之礼；下拜不行稽首礼，是欺诓君王。废弃执贽就无法制约，欺诓君王就会失去百姓。上天常常通过一些事情来预警吉凶，爵位尊显之人的灾祸来得更快。所以晋侯欺诓君王，臣民也将欺诓他；晋侯废弃了朝拜天子的礼仪，臣民也将背弃他。地位尊显的大臣享受了君王的俸禄，不劝谏反而附从，也一定会遭到灾祸的报应。”

周襄王三年晋侯即位，襄王八年就在韩原被俘虏，襄王十六年晋人杀了他的儿子怀公。晋怀公没有后代，秦人杀死了吕甥和郤芮。

【点评】

本议论中，颇有政治智慧的内史过，依据其掌握的古往今来的历史经验和教训，阐述了三个敬德兴邦的重要观点，其一，是“大事之必以众济”；其二，是“长众使民之道，非精不和，非忠不立，非礼不顺，非信不行”；其三，为政者需要时刻“亹亹怵惕，保任戒惧”。这些观点，在当下对于青少年为人处世，建功立业，依然具有很好的借鉴意义。

【原文】

内史兴论晋文公必霸

襄王使太宰文公及内史兴赐晋文公命[1]，上卿逆于境[2]，晋侯郊劳[3]，馆诸宗庙[4]，馈九牢[5]，设庭燎[6]。及期，命于武宫[7]，设桑主[8]，布几筵，太宰莅之，晋侯端委以入[9]。太宰以王命命冕服，内史赞之，三命而后即冕服[10]。既毕，宾、飧、赠、饯如公命侯伯之礼，而加之以宴好。

内史兴归，以告王曰："晋，不可不善也，其君必霸。逆王命敬，奉礼义成。敬王命，顺之道也；成礼义，德之则也。则德以导诸侯，诸侯必归之。且礼所以观忠、信、仁、义也，忠所以分也[11]，仁所以行也，信所以守也，义所以节也。忠分则均，仁行则报，信守则固，义节则度[12]。分均无怨，行报无匮，守固不偷[13]，节度不携[14]。若民不怨而财不匮，令不偷而动不携，其何事不济！中能应外，忠也；施三服义[15]，仁也；守节不淫[16]，信也；行礼不疚[17]，义也。臣入晋境，四者[18]不失，臣故曰：'晋侯其能礼矣，王其善之！'树[19]于有礼，艾[20]人必丰。"

王从之，使于晋者，道相逮也。及惠后之难，王出在郑，晋侯纳之。

襄王十六年立晋文公[21]，二十一年以诸侯朝王于衡雍，且献楚捷[22]，遂为践土之盟[23]，于是乎始霸。

——《国语·周语上》

【注释】

[1] 太宰文公：周王卿士，王子虎。内史兴：叔兴父。晋文公（公元前636

年—前628年在位）：名重耳，晋献公之子，晋惠公夷吾之兄。

[2] 逆：迎接，指晋上卿大夫到晋国边境迎接襄王的使臣。

[3] 郊劳：指到国都郊外迎接。

[4] 馆：舍也，住在祭祀祖先的地方，示意对于襄王使臣的无上尊敬。

[5] 馈：向尊者呈上的献品。九牢：牛羊豕为一牢，按《仪礼·聘礼》，主国招待来聘之卿用五牢之礼，晋文公用招待上公的九牢之礼，招待太宰文公及内史兴，表达对于周天子的尊重。

[6] 庭燎：立于大庭上的大火把。这是当时表示隆重的礼节之一。《诗经·小雅》有《庭燎》篇：夜未央，庭燎之光。

[7] 命：接受王命。武宫：晋文公爷爷晋武公的宗庙。武公亦称曲沃武公，公元前716年至前677年在位，是晋献公的父亲。

[8] 桑主：桑木做的神主牌位，古代用于死者已葬之后的祭祀。此桑主是指晋献公牌位，一般是诸侯国君死后不久即设，然后由周天子任命世袭的世子继任。此时晋献公去世已久，晋文公这时设立献公牌位，表示不是继惠、怀之后，而是以子继父位之礼。

[9] 端委：玄色的礼服（端）、礼帽（委）。这是当时无爵位的士人所穿的服饰，晋文公因未受天子的任命，所以穿戴这样的服饰来接受王命。

[10] 三命：三次以王命命文公，文公三次辞让之后才接受。冕服：有爵位者的礼服。

[11] 分：指均分，即掌握分寸，不偏不倚。

[12] 度：限制。

[13] 偷：苟且。

[14] 携：离。

[15] 施三服义：据韦昭注解，此指三次辞让周天子的任命，自认自己还不够格。义，宜也，指受晋侯接受天子任命前，穿着端委，没有着诸侯的服装。

[16] 淫：过度。

［17］疚：疲惫、懒洋洋的样子。

［18］四者：指忠、信、仁、义。

［19］树：种。

［20］艾（yì）：回报。

［21］襄王十六年：公元前636年。

［22］二十一年，周襄王二十一年（前631年）。衡雍：在今河南原阳以西。楚捷：指晋在城濮之战中战胜楚国。

［23］践土：地名，在今河南原阳西南。

【译文】

周襄王派遣太宰文公与内史兴向晋文公颁赐任命。晋国的上大夫在边境上迎接天子的使臣，晋文公亲自到郊外慰劳，住处安排在宗庙，用九牢的宴席来招待，厅堂上安设了照明的大火把。到了吉日，在祖庙武宫接受任命，设立了晋献公的神主牌位，恭陈祭祀席。太宰到武宫主持仪式，晋文公穿戴着没有加冕的普通服装和帽子进入。太宰代表周王赐给晋文公冕服，内史兴引导文公行礼，太宰宣布了三次周襄王的任命，晋文公辞让了三次后接受了冕服。礼毕后，对太宰和内史的酬谢、飨食、馈赠、郊送等都完全按诸侯迎送天子使臣的礼仪进行，态度相当谦和友善。

内史兴回来，把以上情形禀告襄王，并说："晋国，是不可以不好好对待的！它的国君一定会称霸诸侯。他们接受王命恭敬，举行的仪式都完全符合朝廷仪礼规定。尊敬王命，是顺乎礼仪之道；行礼得当，是遵守道德标准。以德行来作为诸侯的表率，诸侯一定会归附他。而且礼仪就是用来观察忠、信、仁、义的，忠，是用来保持内心公正，判断不偏不倚的；仁，是用来施行恩惠的；信，是用来守护诺言的；义，是用来保持处理政务时的节制的。忠则能判断公正，达到平均，仁则惠及民众有好的治理实效，信则遵守承诺，社会稳固，义则依礼制行事，有礼有节。分配平均则人民无怨，善行得到回报，财产就不会匮乏，遵守承诺，做事就不苟且，处理政务恰如其分，民众就不会离心。如果民众没有怨恨而财用不困乏，命令不走样而执行没有离心，那什么事办不成呢！内心公正又表里如一，是忠；三次辞让才受命，是仁；遵守礼节不过分，是信；尊行礼仪没有错误，是义。臣进入晋国，这四项都不见疏漏，所以臣敢这么说：'晋侯这个人是懂得礼仪并能遵守的。君王陛下可要好好对待他呀！'树立了知礼之人为榜样，得到的回报一定丰厚。"

襄王接受了建议，由朝廷派往晋国的使臣，在道路上络绎不绝。到了惠后造成王子带篡位的灾难时，襄王出奔郑国，晋文公接纳了襄王并使襄王回国复位。周襄王十六年，朝廷承认了晋文公。襄王二十一年，晋文公率诸侯在衡雍朝见周天子，并呈献城濮之战中所得的楚国战利品，接着主持了践土的会盟，从此开始称霸诸侯。

【点评】

本文记录了晋文公刚刚即位时，接待天子使臣的仪礼得体且周全的情形，有助于比较具体地了解周朝的朝觐聘问礼制。

内史兴所论"礼所以观忠、信、仁、义也"，对于我们深入理解礼乐和道德养成的关系，礼乐和治国兴邦的关系，很有启发和帮助。

三、守礼以养德避祸

【原文】

密康公母论小丑备物终必亡

恭王[1]游于泾上[2]，密康公从[3]，有三女奔之[4]。其母曰："必致之于王。夫兽三为群，人三为众，女三为粲[5]。王田不取群[6]，公行下众[7]，王御不参一族[8]。夫粲，美之物也。众以美物归女，而何德以堪之？王犹不堪，况尔小丑乎？小丑备物，终必亡。"康公不献。一年，王灭密。

——《国语·周语上》

【注释】

[1] 恭王：西周国君，名伊扈，穆王之子。

[2] 泾：水名，源于今宁夏六盘山，东南流入现陕西关中境内的渭河段。

[3] 密：西周诸侯国名，姬姓，地在今河南密县。

[4] 奔：古时指女子不经媒妁而私自与男子结合。

[5] 粲（càn）：极其美好。

[6] 王田不取群：天子打猎，如得三兽，不吉，故不会全部拿走。

[7] 公行下众：公，指诸侯。此指有重大行动决策要与属下商议。

［8］御：王朝中管理女性的官。参：三。一族：指父子。我国早期国家深知优生的道理，周礼有规定，天子不能娶同父所生的姐妹。

【译文】

周恭王到泾水边游玩，密康公随从，有三个同姓的女子私自投奔密康公。康公的母亲说："必须把她们献给天子。三只兽在一起就是群，三个人在一起就是众，三个女子在一起就是粲。天子不猎取群兽，诸侯对众人要谦下行事，天子不选三个同父同族的女子为妃嫔。粲是美好的事物，人们把美好的事物归之于你，你有什么德行来承受呢？天子尚且不能承受，何况你这种小人物呢？小人物得到的东西太多，一定会灭亡。"康公不肯把女子献出去。一年以后，恭王灭了密国。

【点评】

密康公的母亲认为，德行、地位不够条件的小人物，不应该有数量多而优裕的物质享受，所以劝导密康公将三个同时投奔他的美女献给周王。康公不听，一年后，密国被攻灭。密康公母用"小丑备物终必亡"的道理，教训身为诸侯的儿子，不让他纵情物欲，是相当有智慧和见识的。可惜儿子不听老人言啊。

【原文】

刘康公论鲁大夫俭与侈

定王八年，使刘康公聘于鲁[1]，发币于大夫[2]。季文子、孟献子皆俭[3]，叔孙宣子、东门子家皆侈[4]。

归，王问鲁大夫孰贤，对曰："季、孟其长处鲁乎！叔孙、东门其亡乎！若家不亡，身必不免。"王曰："何故？"对曰："臣闻之：为臣必臣，为君必君[5]。宽肃宣惠[6]，君也；敬恪恭俭，臣也。宽所以保本也[7]，肃所以济时也，宣所以教施也，惠所以和民也。本有保则必固，时动而济则无败功，教施而宣则遍，惠以和民则阜[8]。若本固而功成，施遍而民阜，乃可以长保民矣，其何事不彻[9]？敬所以承命也，恪所以守业也，恭所以给事也，俭所以足用也[10]。以敬承命则不违，以恪守业则不懈，以恭给事则宽于死[11]，以俭足用则远于忧[12]。若承命不违，守业不懈，宽于死而远于忧，则可以上下无隙矣[13]，其何任不堪？上任事而彻，下能堪其任，所以为令闻长世也[14]。今夫二子者俭，其能足用矣，用足则族可以庇。二子者侈，侈则不恤匮[15]，匮而不恤，忧必及之，若是则必广其身[16]。且夫人臣而侈，国家弗堪，亡之道也。"

王曰："几何？"对曰："东门之位不若叔孙，而泰侈焉[17]，不可以事二君，叔孙之位不若季、孟，而亦泰侈焉，不可以事三君。若皆蚤世犹可[18]，若登年以载其毒[19]，必亡。"

——《国语·周语中》

【注释】

［1］刘康公：刘，王畿内的诸侯国。康公，周大夫王季子，因其封邑在刘（今河南偃师附近），死后谥为康，故名。

［2］发币于大夫：发其礼币于鲁大夫。币：聘问时赠送的礼物。

［3］季文子：季友（鲁桓公幼子，庄公弟弟）之孙季孙行父，世为鲁国上卿。《史记·鲁周公世家》描写季文子节俭："家无衣帛之妾，厩无食粟之马，府无金玉。"孟献子：仲庆父（庄公仲弟）之曾孙，公孙敖之孙、孟文伯歇之子仲孙蔑。本为仲孙氏，因讳庆父之恶，改为孟。世为鲁国上卿。

［4］叔孙宣子：即叔牙之曾孙、庄叔得臣之子叔孙侨如、叔孙宣伯。叔牙是庆父的弟弟、季友的哥哥。东门子家：即庄公之孙、东门襄仲之子公孙归父也。二人都是鲁国大夫。

［5］为臣必臣，为君必君：指为臣就要做到为臣应有的品德，为君就要做到为君应有的品德。

［6］肃：齐整。宣：遍，周到。惠：爱。

［7］本：指宽则能够得到众人拥护，可以守卫所拥有的世袭地位乃至性命。

［8］阜：厚。

［9］彻：达，实现。

［10］俭所以足用也：俭则有余，所以东西够用。

［11］宽：距离远，此处指远离死。

［12］以俭足用则远于忧：指做到节俭了，就没有匮乏之忧，没有骄奢僭上而获罪之忧。

［13］上下：此指君臣之间。隙：指没有隔阂。

［14］令闻：好名声。长世：历经多世。

［15］不恤匮：不怜恤国人的匮乏。

［16］广其身：扩大自身，自大，不顾上君。

［17］泰：同"太"。

［18］蚤世犹可：蚤，音及意都同“早”；蚤世，指早死。此句意为本人早死，其宗族尚可免于覆亡。

［19］登：经历多年。登，指加多。载：行。毒：害。

【译文】

周定王八年，派刘康公出使鲁国，向鲁国的大夫分送礼物。季文子、孟献子都俭朴，而叔孙宣子、东门子家却很奢侈。

回来后，定王询问鲁国的大夫哪位贤德，刘康公答道：“季孙、仲孙可以在鲁国长期保持地位，叔孙、东门可能会败亡。即使家族不亡，本人必不能免祸。”定王说：“那是什么原因呢？”刘康公答道：“我听说，为臣必须遵行臣道，为君必须恪守君道。宽厚、严整、公正、仁爱，是君道；忠敬、谨慎、谦恭、俭朴，是臣道。宽厚用以维护基业，严整用以完成政务，公正用以施行教化，仁爱用以团结民众。基业得到维护就必然稳固，按时机而行动而政务完成就没有荒废的事情，教化施行而公正就流布周遍，用仁爱来团结民众就上下富足。如果基业稳固而政务成就，教化周遍而民众富足，才能够长久地保有百姓，还有什么事做不到呢？忠敬用以承受君命，谨慎用以守护家业，谦恭用以执行公务，俭朴用以丰足财用。以忠敬来承受君命就不会违抗，以谨慎来守护家业就不会荒怠，以谦恭来执行公务就不会犯法，以俭朴来丰足财用就不会担忧。如果承受君命不违抗，守护家业不懈怠，不触犯刑法而又远离忧愁，君臣上下就能够没有嫌隙了，还有什么事胜任不了呢？在上者要施行的政务能办到，在下者能胜任交办的公务，因此国家才能长治久安。现在季孙、仲孙俭朴，他们将财用丰足，因而家族能得到荫护。叔孙、东门奢侈，奢侈就不会体恤贫困，贫困者得不到体恤，忧患必然会降临，这样必然会危及自身。况且作为人臣而奢侈，国家不堪负担，这是在走向败亡。”

定王问：“他们能维持多久呢？”刘康公答道：“东门子家的地位不如叔孙宣子但比叔孙宣子奢侈，所以不可能连续两朝享有俸禄；叔孙宣子的地位不如季孙、仲孙，但也比他们奢侈，所以不可能连续三朝享有俸禄。如果他们死得早倒还罢了，假若他们有长久的年寿来多干坏事，一定会败亡。”

【点评】

刘康公认为季孙、孟孙两家生活节俭，必定能长久掌握鲁国政权；叔孙、东门两家奢侈，必定会自取败亡。节俭或奢侈，是直接影响政治地位是否巩固，身家性命、家庭宗族是否平安无祸的关键所在。刘康公所言“俭所以足用也”“以俭足用则远于忧”的论断，对于青少年的成长，很有启发和教育意义。

【原文】

叔向论忧德不忧贫

叔向见韩宣子[1]，宣子忧贫，叔向贺之。宣子曰："吾有卿之名，而无其实，无以从二三子，吾是以忧。子贺我，何故？"

对曰："昔栾武子无一卒之田[2]，其宫[3]不备其宗器[4]；宣其德行，顺其宪则，使越于诸侯，诸侯亲之，戎、狄怀之，以正晋国。行刑不疚，以免于难[5]。及桓子[6]，骄泰奢侈，贪欲无艺，略则[7]行志，假货居贿，宜及于难[8]；而赖武之德以没其身。及怀子，改桓之行，而修武之德，可以免于难，而离[9]桓之罪，以亡于楚。夫郤昭子[10]，其富半公室，其家半三军，恃其富宠，以泰于国。其身尸于朝，其宗灭于绛[11]。不然，夫八郤，五大夫三卿，其宠大矣；一朝而灭，莫之哀也，唯无德也。今吾子有栾武子之贫，吾以为能其德矣，是以贺。若不忧德之不建，而患货之不足，将吊[12]不暇，何贺之有？"

宣子拜，稽首[13]焉，曰："起也将亡，赖子存之。非起也敢专承之，其自桓叔[14]以下，嘉吾子之赐。"

——《国语·晋语八》

【注释】

[1] 叔向：羊舌氏，名肸（xī），字叔向，春秋时晋国大夫。韩宣子：名起，晋国正卿。宣子是谥号。

[2] 栾武子：栾书，晋厉公、悼公两朝正卿，谥号"武"。一卒之田：一百

顷土地（古称一百人为一卒）。大国的卿，俸禄应为一族之田（五百顷），而栾武子只有不到一百顷土地，说明为官廉洁。

［3］宫：居室。

［4］宗器：祭器。

［5］免于难：史载，厉公时，外戚胥童曾拘禁栾书胁迫厉公处死他，厉公没有听从，释放了栾书。后栾书杀死厉公拥立悼公，有弑君之罪，但悼公也未追究，故曰“免于难”。

［6］桓子：栾武子的儿子栾黡（yǎn），晋国大夫，后任下军元帅。后文提到的“怀子”，即栾盈，是栾黡的儿子。

［7］略则：违犯法纪。

［8］宜及于难：栾黡与朝中另一大势力范氏争斗多年，最后范氏被逐，栾黡幸未落败，故曰“宜及于难”。

［9］离：通“罹”，遭受，这里有受牵连的意思。

［10］郤（xì）昭子：郤至，因居功自傲，后为厉公胁迫自杀，被灭族。

［11］绛：晋国故都。在今山西翼城。

［12］吊：凭吊。

［13］稽（qǐ）首：古代一种跪拜礼，叩头至地。

［14］桓叔：名成师，号桓叔，晋穆侯之子。桓叔之子万，受封于韩邑，称韩万，韩起尊桓叔为始祖。

【译文】

叔向去见韩宣子，宣子正为自己贫穷而发愁，叔向却向他表示祝贺。宣子说：“我只有正卿的虚名，而没有正卿的财产。没有钱财与诸位卿大夫来往应酬，我正为此而忧愁，你向我表示祝贺，这是什么缘故？”

叔向回答说：“从前，栾武子身为正卿却没有一百顷田地，他家里连祭祀宗庙用的礼器都不齐全，但他却能传播其美德，遵守法制，声名远播。诸侯亲近他，戎、狄也归附于他，因此晋国一切走向正轨。栾武子虽然杀了厉公，却没有被国人责难，还因此免遭大难。到他儿子桓子时，骄纵自大，奢侈无度，贪得无厌，违法乱纪，任意妄为，放债取利，这种人本应罹祸遭难，却依靠其父栾武子的余荫，得以善终。到怀子时，他一改其父桓子的做法而恢复祖父栾武子的德行，本可以免遭灾祸，但因受父亲桓子罪孽的牵连，被迫流亡楚国。另外，郤昭子，他家的财富抵得上晋国君主财产的一半，武力在全国也占了半数。然而他倚仗自己富有而骄纵，横行国内，不可一世。最后，他被杀，尸首在朝堂示众，宗族也在晋国绛都被灭。倘若不是这样，郤家先后八人担任要职，其中有五位大夫、三位卿相，他们所受的恩宠也是够大的了，但一朝被诛灭，竟没有人同情和哀悼，就是因为没有德行的缘故啊！如今，您有栾武子的清贫，我认为您能够施行他的德行，所以向您表示祝贺。倘若您不去忧虑无法树立德行，却忧虑财产不足，我替您忧虑都来不及，还有什么祝贺可言呢？"

宣子下拜叩头说："我韩起几乎要灭亡了，全靠您保全了我，这不是我一个人敢单独承受的，恐怕我的祖宗桓叔以下的世世代代，都要感激您的恩德！"

【点评】

本篇名也常简化为"叔向贺贫"之名而流传于世。在春秋后期，"陪臣执国政"，卿大夫与君主、卿大夫之间相互倾轧的形势下，如何安身立命？"忧德不忧贫"或"贺贫"，就是叔向给出的答案。叔向一眼看穿身为晋国正卿的韩起做官为发财的目的，指出贫以养德，小可安身齐家，大可治国平天下；反之，因贪败德，不仅个人身败名裂，还会遗祸子孙，亡国灭种。文中"不忧德之不建，而患货之不足，将吊不暇，何贺之有"之句，可做警钟长鸣，这是廉政教育、官德教育、家风教育的极好教材。

四、守礼以行礼作乐

【原文】

定王论不用全烝之故

晋侯使随会聘于周[1]，定王享之肴烝[2]，原公相礼[3]。范子私于原公曰：“吾闻王室之礼无毁折，今此何礼也？”王见其语，召原公而问之，原公以告。

王召士季，曰：“子弗闻乎，禘郊之事则有全烝[4]，王公立饫则有房烝[5]，亲戚宴飨则有肴烝。今女非他也，而叔父使士季实来修旧德，以奖王室[6]。唯是先王之宴礼，欲以贻女[7]。余一人敢设饫、禘焉，忠非亲礼[8]，而干旧职[9]，以乱前好[10]？……今我王室之一二兄弟，以时相见[11]，将和协典礼[12]，以示民训则[13]，无亦择其柔嘉[14]，选其馨香，洁其酒醴，品其百笾[15]，修其簠簋[16]，奉其牺象[17]，出其樽彝[18]，陈其鼎俎[19]，净其巾幂[20]，敬其祓除，体解节折而共饮食之。于是乎折俎加豆[21]，酬币宴货[22]，以示容合好，胡有孑然其郊戎狄也[23]？

“夫王公诸侯之有饫也，将以讲事成章[24]，建大德、昭大物也[25]，故立成礼烝而已[26]。饫以显物[27]，宴以合好，故岁饫不倦[28]，时宴不淫[29]，月会、旬修、日完不忘[30]。服物昭庸，采饰显明[31]，文章比象[32]，周旋序顺[33]，容貌有崇[34]，威仪有则[35]，五味实气[36]，五色精[37]心，五声昭德[38]，五义纪宜[39]，饮食可飨，和同可观[40]，财用可嘉[41]，则顺而德建。古之善礼者，将焉用全烝？”武子遂不敢对而退[42]。归乃讲聚三代之典礼，于是乎修执秩以为晋法[43]。

——《国语·周语中》

【注释】

［1］晋侯：指晋景公，名獳（rú），晋文公之孙，成公之子（公元前599年—前581年在位）。随会：即后文的范子、士季，又称季武子、士会、范会，晋正卿，因其封邑在随（今山西介休），后更受范（今河南范县东南），故有上述称呼。

［2］定王：周天子定王，名榆，周襄王之孙，顷王之子（公元前606年—前586年在位）。肴烝：古代的一种宴席。当时，凡将烹熟的牲肉切成两半上席者，称“房烝”；全部切成小块，称“肴烝”，肴，《经典释文》：“熟肉有骨曰肴。”

［3］原公：周大臣原襄公。相（xiàng）礼：古代行朝聘、会盟、宴享、祭祀等礼仪时，有专人引导成礼，其人称相。

［4］禘（dì）郊：指祭祀天地祖宗的大典。禘（dì）：祭祀名，大祭称禘，在国都南郊祭祀天地，故称禘郊。全烝：将整个牲体置在俎上，并不烹煮。韦昭《注》：凡禘郊皆血腥也。

［5］王公立饫：天子与诸侯设宴。王：天子；公：诸侯；饫（yù）：立着行礼，不坐。所以称“立饫”。

［6］以奖王室：奖，成，使和解。

［7］贻女：贻（yí）：赠送；女：音及意都同“汝”，你。

［8］忠非亲礼：忠：忠厚；亲礼：亲戚宴享之礼。

［9］干：冒犯；旧职：过去的礼仪规定。

［10］前好：先王之好。

［11］时：时享，指春夏秋冬四时宗庙的祭祀，周王室与晋侯同宗同族，宗庙祭祀时能够相见。又，宾服的诸侯要每季献上祭祀天子始祖的祭物，因此与周王一年有四时相见。

［12］协：合。典：常。

［13］训：教诲，即向人民公开宣扬。则：规矩。

［14］无亦：不也。柔嘉：细嫩肥美的肉。

［15］笾：宴席上用来盛果脯、干果的竹编食器，形状如豆（木制高脚盘），有盖，容四升。百笾：形容果品之多。

［16］修：准备。簠簋（fǔ guǐ）：两种盛黍稷稻粱的礼器，先是以竹木制作，后以青铜制作。内方外圆是簋，盛黍稷；外方内圆是簠，盛稻粱。

［17］奉：晋献。牺象：牺樽与象樽的合称，酒器。据《国语正义》引王肃《国语章句》，牺樽状似牺牛，象樽状似大象。后世出土的牺樽与象樽酒具，多如王肃之说。

［18］樽彝：酒器、礼器总名。

［19］鼎：煮牲的食器，常见者为三足两耳，青铜制造。俎：切割熟肉的砧板。

［20］巾幂：覆盖樽彝等食器的巾帛。

［21］折俎：肴烝；加豆：大鱼大肉后，以豆器盛腌菜、腌肉酱之类献上。

［22］酬币：主人酬宾的礼物。宴货：宴会时赠送的礼品。

［23］孑然：此指整头牲畜囫囵的样子。

［24］讲：讨论战争等国家大事。章：章程。

［25］大德：大功勋。大物：大器度。

［26］立成：不坐下。烝：升，指按礼仪呈上准备好的礼品。

［27］显物：向客人表示准备齐全。

［28］岁饫：一年以此不倦饫礼。不倦：不倦怠。

［29］淫：过多。

［30］月会：计算一个月的经费开支。旬修：旬，十日为旬。小结十天内所完成的工作。日完：一天内完成的工作。

［31］物：表示等级的旗章。庸：指功劳。昭：表明。用冕服、旗章昭显功德。

［32］文章：青、赤色相配为文，赤、白色相配为章，此指在衣裳上织绣白黑的黼（fǔ，一对斧头形）、黑青相配的黻（fú，两弓形相背）花纹。比象：比照物象，用青、黄、赤、白、黑五种正色绘山、龙、花、虫之象。文章比象：指在礼服上绘绣花纹图样以示等级差别。

［33］周旋：指应酬时的行为举止。序顺：依次序遵循礼仪规范。

［34］容貌有崇：崇，修饰。此指主宾仪容端正可观。

［35］威仪有则：地位使人尊重畏服，仪表堪称人之表率。

［36］实气：血气充实。

［37］五色：青、黄、赤、白、黑，这五种颜色为正色。精心：警心。此句指用五色绘绣的服章来区别尊卑，昭明等级，所以警其心，使言行不致僭越。

［38］五声：宫、商、角、徵、羽。昭德：昭显有德的国家治理。

［39］五义：指父义、母慈、兄友、弟恭、子孝，五种国家提倡的家庭伦理关系。

［40］和同：指友善求同的情谊。

［41］财用可嘉：主宾相互赠馈礼品情真意厚。

［42］武子：随会。

［43］执秩：此处代指晋国法典。

【译文】

晋景公派随会出使王室，周定王用肴烝宴款待他，大臣原公做赞礼。随会私下对原公说：“我听说王室的礼宴礼仪并没有废弃或减免，现在这个宴席是什么礼仪呢？”定王看到他们在交谈，便召来原公询问，原公把随会的话告诉了定王。

定王于是召见随会，对他说：“你没有听说过吗？禘郊祀典有全烝，王公宴享有房烝，招待亲戚则有肴烝。今天我看待你不是外人，是我叔父派来重申晋与王室的友好关系，并调和王室与卿士之间关系的使者，这是先王制定的宴饮之礼，用来作为对你的款待。我个人怎么敢设全烝、房烝呢，它虽然丰厚却不是亲戚宴享之礼，而且还违背了成例，损害了过去的友好关系……现在你们晋国是王室关系密切的兄弟，一年有四季宗庙祭祀的机会相见，朝聘时必须礼仪得体，并以此为人们做个好榜样，不也应择取鲜美的牲肉，选用芬香美味的食品，精制甜醇的酒醴，依次排列好盛满干果肉脯的笾器，备下了簠簋，捧来了牺象，抬出了樽彝，安放了鼎俎，盖上洁净的巾幂，恭敬地清扫了殿堂，把牲肉按部位切细，割下折断的排骨烹调，一起来畅快地宴饮享用吗？在正餐之后，又用高脚盘盛上腌菜、肉酱佐食，相互赠送上等礼品，用以表示亲近友好，怎么能像对待戎狄那样把全牲端出来食用就算完了呢？

“朝廷上天子与诸侯站立着的饫礼，是为了商议军国大事，建立大功勋，表明朝廷的恢宏气度，所以采用饫礼，按照礼仪规制，奉上准备好的食品而已。这种站立行享礼，只是把设宴应准备的食物礼器展示出来，宴饮表示亲密融洽，所以每年一次聚会不让人倦怠，每季一次宴饮不觉过分，计算每月开支，小结十天内完成的工作，每日完成每日应做的工作，都没有忘记应遵从的礼仪。礼服礼帽旗帜名号可以表明功绩大小，旌旗车舆服饰上的彩色饰物表明身份地位。纹饰可以比拟物象，仪节可以序次尊卑，地位使人尊重畏服，仪表堪称人之表率。肴食的五味使人体血气充实，器物的五色净化心灵，乐舞的五声昭示治理好坏，伦理关系上的五义稳定社会。饮食可口，情谊可观，酬礼可嘉，法度得以推行而道德得以建立。古代娴于礼仪的人，哪里要用全牲呢？”

随会于是不敢对答而告退。回国后讲习汇编夏、殷、周三代的典礼，并据此修订执秩之法作为晋国的法度。

【点评】

本文中，周定王详细讲述了周礼有关全烝、房烝、肴烝三种宴飨礼仪的规格和适用的场合，并强调，对于上述三种宴飨礼仪的尊重和使用，要注重的是其实际意义，即“讲事成章，建大德、昭大物”，而非礼仪形式本身，对于可以商讨国家大事的亲密友人，礼仪可以是“立成礼烝而已”。

【原文】

单穆公谏景王铸大钟

二十三年[1]，王将铸无射而为之大林[2]。单穆公[3]曰：“不可。作重币以绝民资，又铸大钟以鲜其继[4]。若积聚既丧，又鲜其继，生何以殖[5]？……是故先王之制钟也，大不出钧，重不过石[6]。律度量衡于是乎生，小大器用于是乎出，故圣人慎之。今王作钟也，听之弗及，比之不度[7]，钟声不可以知和，制度不可以出节，无益于乐而鲜民财，将焉用之！

“夫乐不过以听耳，而美不过以观目。若听乐而震，观美而眩，患莫甚焉。夫耳目，心之枢机也[8]，故必听和而视正。听和则聪，视正则明。聪则言听，明则德昭。听言昭德，则能思虑纯固。以言德于民，民歆而德之，则归心焉。上得民心以殖义方[9]，是以作无不济，求无不获。然则能乐。夫耳内和声[10]，而口出美言，以为宪令[11]，而布诸民，正之以度量，民以心力，从之不倦，成事不贰，乐之至也。口内味而耳内声，声味生气[12]。气在口为言，在目为明。言以信名，明以时动[13]。名以成政，动以殖生。政成生殖，乐之至也。若视听不和，而有震眩，则味入不精，不精则气佚，气佚则不和。于是乎有狂悖之言，有眩惑之明，有转易之名，有过慝之度。出令不信，刑政放纷[14]，动不顺时，民无据依，不知所力，各有离心。上失其民，作则不济，求则不获，其何以能乐？三年之中，而有离民之器二焉[15]，国其危哉！”

王不听，卒铸大钟。二十四年，钟成，伶人告和[16]。王谓伶州鸠曰：“钟果和矣。”对曰：“未可知也。”王曰：“何故？”对曰：“上作器，民备乐之，则为和[17]。今财亡民罢[18]，莫不怨恨，臣不知其和也。且民所曹好[19]，鲜其不济也。其所曹恶，鲜其不废也。故谚曰：‘众心成城，众口铄金。’三年之中而害金再兴焉[20]，惧一之废也。”王曰：“尔老耄矣[21]，何知？”二十五年，王崩，钟不和。

——《国语·周语下》

【注释】

［1］二十三年：指周景王二十三年（公元前544年—公元前520年在位），名贵，周灵王之子。

［2］无射（yì）：本为古时十二音律之一，此指能发出这一音声的乐钟，铸钟而使钟声应无射之律，故钟名无射。大林，林钟为阴律之一，铸钟应林钟律，故名。声大，故称大林，也称函钟。古音十二音律分为律吕阴阳两类，阳律有六律：黄钟、太蔟（còu）、姑洗（xiǎn）、蕤（ruì）宾、夷则、无射；阴律为六吕：大吕、夹钟、中吕、林钟、南吕、应钟。十二音律的名称，由低到高依次为：黄钟、大吕、太蔟、夹钟、姑洗、仲吕、蕤宾、林钟、夷则、南吕、无射、应钟，合称为律吕。五音宫商角羽的音高用律来确定，比如用黄钟所定的宫音，就比用大吕所定的角音要低沉得多。此处所言铸无射大钟，是为更好地调定大

林钟声而铸，其音比大林声低，会被大林覆盖，一般人耳听不到，下文所言“听之弗及”，即据此而言。可参阅《周语下·景王问钟律于伶州鸠》篇。

［3］单穆公：周王卿士，单靖公之曾孙。

［4］鲜：寡少。

［5］殖：增加。

［6］钧：古时乐器的调音器，又写作均，木长七尺，有弦系之。石：古代以120斤为一石。

［7］不度：不符合法度。

［8］枢机：户枢门阃，枢主开，机主闭。比喻事物的关键部位。

［9］殖：树立；义方：正道。

［10］内：音及意都是“纳”。

［11］宪：法。

［12］声味生气：五声五味产生气血，充实意志。《大戴礼记·四代篇》：子曰：“食为味，味为气，气为志。”《左传·昭公二十年》：晏子曰：“先王之济五味，和五声也，以平其心，成其政也。声亦如味，一气，二体，三类，四物，五声，六律，七音，八风，九歌，以相成也。君子听之，以平其心，心平德和。”

［13］信：审，审定。名：号令。视明则可该动的时候就动。

［14］放：放任，随便。纷：纷杂。

［15］离民之器二：指铸大钱（周景王二十一年铸大钱），制大钟。

［16］伶人：乐工。

［17］此三句，即《礼记·乐记》所言“声音之道与政通”的道理。《吕氏春秋·适乐》言“乐无太，平和者是也”，即乐器制作不超过制度，适听就是平和。景王制的无射钟不符合古制，不适听，就不平和。

［18］罢：音及意都是“疲”，疲惫。

［19］曹：群，众人。

［20］害金：耗费金钱。再兴：出现了两次。

［21］老耄（mào）：古时八十岁称老耄。尔老耄矣，这里是骂州鸠老得糊涂了。

【译文】

周景王二十三年，景王为铸造无射乐钟而打算先造个大的林钟乐钟来为它审音。单穆公劝谏道："不行啊。铸造大钱已经夺去了民众的资财，又要铸大钟来剥夺民众的生计所在。民众的积蓄已经被政府搜刮掉了，又要（继续征收）剥夺他们的生计所在，财富将如何产生并增加？……所以先王铸造乐钟，大小不超过均的标准，重量不超过一百二十斤。音律、长度、容量、重量都根据钟的制作标准产生，锱、铢、分、寸等小的计量单位，斤、钧、丈、尺等大的计量单位，都由此产生。所以，圣人对此十分慎重。现在天子您所铸造的钟，耳朵无法听到声音，大小不符合规制，钟声听不出是否适中和谐，规格上不能成为法度，既无益于乐又浪费民众财产，那有什么用呢？

"乐音不过是让耳朵能听见，美物不过是让眼睛能看到。如果乐音听起来震耳欲聋，美物看起来眼花缭乱，还有什么比这更糟的呢？耳朵和眼睛是决定思想意识的关键，所以必须听和谐之乐，看正当之物。所听和谐才能耳聪，所看正当才能目明。耳聪才能言语动听，目明才能品德光明磊落。言语动听而品德光明磊落，才能思虑纯正。用这些来对待民众，民众才心悦诚服地感恩戴德，就能归附于君王。君王有民众的拥护，来树立做人的正道，因而能事无不成、求无不得，这样才能叫作制作乐。耳朵收纳和谐的音乐，口中说出美好的语言，以此来制订法令颁布于民众，并以此规范律、度、量、衡，民众就会忘我劳作，不怠惰地服从，不走样地完成事务，这才是音乐所起的最大作用啊。嘴巴接纳各种美味，耳朵收听各种好听的声音，就能使人产生精气。精气在口为言语，在眼为视觉。言语用来审定号令，视觉用来使劳作合乎自然节律。用号令来修明政事，用行动来增殖财富。政治清明而财富增加，这是音乐所起的最大作用啊。如果所听和所视都不和谐，产生耳震目眩，那么即使有美味入口，也不会产生精气。不产生精气就会涣散气血，气血不足人体就不舒服。于是就会有狂乱背理的言论，有糊涂混乱的看法，有变动无常的号令，有谬误邪恶的法度。发布的政令失掉信用，刑律政令随便而且繁杂，劳作违背自然节律，百姓失去依据而不知该如何效力，各自都有离散之心。君王失去了民众，要做的完不成，要求的得不到，那还怎么能达到作乐的本意呢？天子在三年之中就做了两件使民众离心的事，国家可就危险了。”

景王不听劝谏，最终决定铸造大钟。景王二十四年，无射大钟铸成，乐工报告说乐音和谐。景王告诉乐官州鸠说：“钟声结果还是和谐了。”州鸠答道：“还不可能知道呢。”景王问：“为什么呢？”州鸠答道：“君王制作乐器，人民全都因此而安乐，这才是和谐。现在因铸大钟搞得财用匮乏而民众疲惫，无不怨恨，臣不认为这是和谐。况且人民都喜好的事情，很少有不成功的；人民都群起而厌恶的，很少有不废弃的。所以谚语说：‘众志成城，众口铄金’。三年里耗费金钱的事情做了两件，臣恐怕至少有一件是要被废弃的。”景王说：“你老糊涂了！懂得什么？”二十五年，景王去世，钟声果然不和谐。

【点评】

我国的音乐产生时代很早。周朝建国之初，“制礼”与“作乐”都是国家的头等大事。乐律、乐器的制作，以及音乐演奏都很讲究，须符合相关的礼仪规范，强调音乐与天时、节令、农事、度量衡密切相关，尤其是强调“声音之道与政通”，乐制是国家政治制度的重要组成部分。本文中，单穆公与乐官州鸠，不仅从浪费财力，而且都从乐制的内涵，以及乐与民心休戚相关，民心与国家兴衰休戚相关方面，警告天子“三年之中，而有离民之器二焉，国其危哉！”力谏周景王必须遵从祖先法度，大钟不可铸，天子德政亟待修。

【原文】

景王问钟律于伶州鸠

王将铸无射，问律于伶州鸠[1]。对曰 ："律所以立均出度也[2]。古之神瞽考中声而量之以制[3]，度律均钟[4]，百官轨仪[5]，纪之以三，平之以六，成于十二，天之道也[6]。夫六，中之色也，故名之曰黄钟[7]，所以宣养六气、九德也[8]。由是第之[9]：二曰太蔟，所以金奏赞阳出滞也[10]；三曰姑洗，所以修洁百物，考神纳宾也[11]；四曰蕤宾，所以安靖神人，献酬交酢也[12]；五曰夷则，所以咏歌九则，平民无贰也[13]；六曰无射，所以宣布哲人之令德，示民轨仪也[14]。为之六间，以扬沉伏而黜散越也[15]。元间大吕，助宣物也[16]；二间夹钟，出四隙之细也[17]；三间仲吕，宣中气也[18]；四间林钟，和展百事，俾莫不任肃纯恪也[19]；五间南吕，赞阳秀也[20]；六间应钟，均利器用，俾应复也[21]。

"律吕不易，无奸物也。细钧有钟无镈[22]，昭其大也。大钧有镈无钟，甚大无镈，鸣其细也。大昭小鸣，和之道也。和平则久，久固则纯，纯明则终，终复则乐，所以成政也[23]，故先王贵之[24]。"

——《国语 · 周语下》

【注释】

[1] 伶（líng）：乐官。州鸠：此乐官的名字。

[2] 律 ：此指十二乐律。均 ：均钟，木长七尺，以细弦系之，用来调音律，审度钟的大小清浊。

[3] 神瞽 ：上古乐正（乐官），目盲，掌握天地运行规律。死后被祭拜于瞽

宗，谓之神瞽。

［4］度律：度十二律管。均：调校音准。

［5］百：形容多。百官：指各种事物。轨：道也。仪：法则、规范。

［6］三：指天地人。音乐需要天神、地祇与人道相合。平之以六：古人把十二音律分成六律和六吕。六律——黄钟、太蔟（còu）、姑洗（xiǎn）、蕤（ruì）宾、夷则、无射；六吕——林钟、仲吕、夹钟、大吕、应钟、南吕。以律配阳，以吕配阴。

成于十二：先将音准均分为六律，再平均插入六吕，配为十二音律。十二音律的名称，由低到高依次为黄钟、大吕、太蔟、夹钟、姑洗、仲吕、蕤宾、林钟、夷则、南吕、无射、应钟，合称为律吕。

［7］六：在天地中间。万物萌生于地上，黄为地色，六天之下、地之上，故名黄中（钟）。天有六气，降生五味；天有六甲，地有五子，数字十一代表天地万物，六为中。古人将十二律与十二月相配，十一月为中，黄钟之月。一说律吕的发明是在中国西北陕西、河南边界，有一种吕管，形状像竹子，长短粗细有一定的标准，共十二种，埋在地下，传说是埋在天山的阴谷。由于十二种管子长短不一，深入地下的长短也不同，地上是齐平的，管中充满了芦灰，管口用“竹衣”轻轻贴上，到了冬至（农历十一月）一阳生的时候，最长的管子首先受到地下阳气上升的影响，芦灰喷出管外，同时发出“嗡”的声音，这就是黄钟之音。然后每个月有一根管子喷出灰来发出不同的声音。这样有阳律六：黄钟、太簇、姑冼、蕤宾、夷则、无射；阴律六：大吕、夹钟、中吕、林钟、南吕、应钟。

［8］六气：阴、阳、风、雨、晦、明也。九德：九功之德，水、火、金、木、土、谷、正德、利用、厚生。宣：遍。

［9］第：依次往后数。

［10］太蔟：《史记·律书》：“泰蔟者，言万物蔟生也。”金奏：太蔟正声为商，五行为金，所以说金奏。赞：佐。出滞：蛰伏的虫子出来，太蔟为正月之律。

［11］姑洗：去故就新。阳春三月，阳气一天天升起，宗庙洁净器物，合致神人，用之享宴。考：合。姑洗律对应在三月。

［12］蕤：草木柔的样子。是说阴气为主，委蕤在下，阳气盛长于上，就像

宾客和主人，此律对应在五月，用来安抚神人，适合行酬酢。酬：劝；酢：报。

［13］夷律对应在七月。夷，平。则：法。言万物既成，可为法则，可以歌咏九功，让民众没有疑惑。

［14］无射律对应在九月。宣：遍；轨仪：轨道，仪法。

［15］六间：六吕在阳律之间，故称六间。沉：滞。黜：去除。吕，阴律，所以吕间阳律，成其功，宣发滞伏之气，去除散越飘浮之音。

［16］元间：阴律依靠着阳律，以黄钟为主，大吕在黄钟之后，黄钟为元一，所以说大吕是元间。吕：旅，言阴大。助：《礼记》注此，“助”后有“阳”字。宣：散。大吕律对应在十二月。

［17］夹钟：对应在二月。四：指四季。隙：间。

［18］仲吕：即中吕，对应在四月。宣中气：宣散阳气，阳气越于中，到四月时宣散于外，阴闭藏于内，所以助阳成功。

［19］林钟：林钟律对应在六月。展：审视，查看。百事：各种事物，主要指农事。俾：使。肃：速。纯：大。恪：敬。此句是说时务和审，百事没有伪诈，使莫不任其职事，迅速工作，恪尽其守。

［20］南吕：对应在八月。赞：佐。秀：谷物抽穗开花。

［21］应钟：对应在十月。均利器用，俾应复也：是说农事都顺利收功，百器具备，都收起来放在应放的地方，待明年再用。

［22］细：细声，指五音中的角徵羽。镈：小钟。均：调。

［23］成政：音乐之道与政相通，和谐的音乐可以成就政治。

［24］贵之：以和谐的音乐为珍贵，和谐音乐可以移风易俗。

【译文】

周景王打算铸造无射大钟，向乐官州鸠询问音律。州鸠答道：“音律是用来确定均钟音调、音阶和钟声大小清浊的标准。古代的神瞽核定中和的音声而加以量度作为标准，审度十二律管的长短，调节乐音，并定出各种行事的法则。

以天神、地祇和人三者和谐为纲，平分为六律，阴阳相间成十二音律，这是自然的规律。六处于正中，所以把与它对应的律称为黄钟，用以颐养六气、九德。依次排列，第二律为太蔟，用以演奏乐钟，辅助阳气而散发积滞；第三律为姑洗，用以洁洗万物，合神迎宾；第四律为蕤宾，用以安静神人，宴饮宾客；第五律为夷则，用以赞颂九功德行，成就人的心志，使民众没有二心；第六律为无射，用以弘扬前贤的美德，为民众树立榜样。确定六吕，插入阳律之间，称六间，用以宣畅沉滞而祛除不和谐。第一间为大吕，以辅助阳气而助长万物；第二间为夹钟，以导出四时之间的细微之气；第三间为仲吕，以宣散阳气使万物生齐；第四间为林钟，以平衡百事的发展，使之无不尽职成功；第五间为南吕，辅助阳气，使生物抽穗开花；第六间为应钟，农事顺利收功，器用收复到原位，以配合时序的周而复始。

“六律六吕不改变它的正位，就没有邪恶灾祸发生。演奏音声高细的乐调，并不用小钟击敲（两细不相和），而是用大钟击敲，才能显示钟声的低弘；演奏音声低弘的乐调中，要用小钟击敲，更低的乐调中连镈都没有，是要表现琴瑟笙箫一类乐器的悠扬。低弘、高细的音声都得到显示，是和谐的做法。音声和谐均平才能持久，持久稳固才能纯正，纯正显明才能完善，完善复始才能成乐，懂得这个道理可以使政事有成，因此先王很重视音乐的和谐。”

【点评】

《周语下·景王问钟律于伶州鸠》一文，记载了乐官州鸠对十二乐律的命名、如何以七律定调七声音阶及乐律的社会作用的详细说明，原文太长，此处仅节选对于十二乐律的说明。州鸠所言音乐的关键是要达到“和平”，强调和谐安宁的音乐，对于民心所向、社会稳定，具有重要的意义，“和平则久，久固则纯，纯明则终，终复则乐，所以成政也。”

【编者说明】

为便于读者对《国语》所涉及周王朝及七个诸侯国大事做对比查询，特列出此表。

【表一】西周王朝年代表

注：本表依据夏商周断代工程专家组2000年11月发布的《夏商周年表》，仅供读者参考。

在位时间（公元前）	周王	在位时长
1046—1043	武王	在位4年
1042—1021	成王	在位22年
1020—996	康王	在位25年
995—977	昭王	在位19年
976—922	穆王	在位55年（共王当年改元）
922—900	共王	在位23年
899—892	懿王	在位8年
892—886	孝王	在位6年
885—878	夷王	在位8年
877—841	厉王	在位37年（共和当年改元）
841—828	共和	共14年 中国先民很早就具有很强的记录和保留“世世代代”历史的观念和记载，先口耳相传、结绳记事，后有器物铭文、甲骨记录、简牍记载等等。尤其是自前841年始，中国的历史记录进入了历史纪年、历史记载再无间断的时期。
827—782	宣王	在位46年
781—771	幽王	在位11年

【表二】东周及春秋、战国诸侯年代对照简表

在位时间（公元前）	东周诸王								备注
770—720	平王	公元前770年，周平王迁都洛邑。此年起史称东周开始。周王封秦襄公为诸侯。							
		《国语》所见诸侯国							
		鲁（附诸位鲁公在位年代）	郑	齐	晋	楚	吴	越	
		隐公（722—712）							
719—697	桓王	桓公（711—694）							前677年秦徙都于雍
696—682	庄王	庄公（693—662）		前685年齐桓公即位，以管仲为相。 前684年齐伐鲁，战于长勺，齐败。					
681—677	釐王			前679年齐桓公会宋、陈、卫、郑之君于鄄，齐始霸。					
676—652	惠王	湣公（661—660） 釐公（659—627）		前656年齐桓公率诸侯之师伐楚，与楚盟于召陵。	前655年晋复假道于虞以伐虢，灭虢、虞。				
651—619	襄王	文公（626—609）		前651年齐桓公盟诸侯于葵丘。	前636年晋重耳即位，是为晋文公；王子带以狄师攻王，襄王出奔。 前635年晋文公纳周襄王于王城，杀王子带。 前632年晋联合齐、宋、秦之师破楚师于城濮。襄王命晋文公为侯伯，晋文公盟诸侯于践土。	前606年楚庄王伐陆浑之戎，至雒，观兵于周郊，问鼎轻重大小。			前649年王子带召杨拒、泉皋、伊雒之戎攻王城，秦、晋伐戎以救周。 前645年秦、晋战于韩原，晋败，秦获晋惠公以归。 前623年秦伐西戎，益国十二，开地千里，遂霸西戎。
619—613	顷王								
612—607	匡王	宣公（607—591）							

（续表）

在位时间（公元前）	东周诸王								备注
		鲁（附诸位鲁公在位年代）	郑	齐	晋	楚	吴	越	
606—586	定王	成公（590—572）			前575年晋楚之师战于鄢陵，楚败。				
585—572	简王	襄公（572—542）							
571—545	灵王	前551年孔子生于鲁							
544—520	景王	昭公（541—510） 537年鲁三桓、季孙、叔孙、孟孙四分公室。	536年铸刑鼎						
519—476	敬王	定公（509—495） 前517年鲁三桓逐昭公，昭公出奔于齐。 前479年孔子卒，《春秋》记事于此年结束。 哀公（494—476）					前506年吴师与楚师战于柏举，楚败，庚辰，吴师入郢。 前494年吴师与越师战于夫椒，越败，勾践退保会稽。 前482年秋七月辛丑，吴王夫差会诸侯于黄池。		
475—469	元王								前475年一说战国时期开始。
468—441	贞定王								
440—426	考王								
425—402	威烈王								
401—376	安王								
375—369	烈王								
368—321	显王								前350年秦徙都咸阳，废井田，开阡陌。
320—315	慎靓王								
314—256	赧王								前249年吕不韦相秦。秦灭东周，周亡。

《老子》

《老子》概论

一、《老子》成书

《老子》，又称《道德经》《道德真经》，全书由上篇《道经》与下篇《德经》两部分组成，共八十一章，五千多字，是记录道家创始人老子思想的著作。老子，姓李名耳，又名老聃，春秋末年楚国苦县厉乡曲仁里人，曾任周守藏室史。老子的年代略早于孔子，传说孔子曾经问礼于老子。《老子》一书成书时间，历来说法不一，大致而言，应该成书于战国早期，在流传过程中有不断的编辑修改。《老子》比较流行的历代注释本有传说出自汉初河上公之手的《老子道德经河上公章句》，魏王弼的《老子道德经注》，唐成玄英《道德经义疏》，清毕沅《老子道德经考异》，俞樾《老子平议》，魏源《老子本义》等。值得注意的是，当代出土的《老子》文献，如马王堆汉墓帛书本《老子》，郭店楚墓出土的竹简本《老子》。后者年代在战国中期，对于厘清《老子》一书的相关争议有重要意义。

二、《老子》特色

《老子》八十一章五千言，均由短小精练的格言构成，并不像《论语》的语录体那般口语化，看起来更像是专门撰写的。如果说《论语》呈现给我们的孔子形象，更多的是一个温柔敦厚的长者，那么，《老子》所呈现给我们的老子形象，则更多的是一个冷静的智者。老子本曾为史官，阅尽世事变迁，所以作为道家创始人的老子看待事物总有其独特的视角。顾名思义，道家尊崇于“道”。“道”是路的意思，指天地万物所遵循、所经由的路径。“道”的意涵则有多端，如无、无为、自然、变化，包括事物向相反方向的变化，等等。老子和孔子一样，生活在一个礼崩乐坏的时代。孔子希望重构礼乐价值以改变天下大乱的局面，老子则不如此看。首先，治乱本身是相对的，治乱循环大抵不可避免。其次，礼本身有太强的人为色彩，是丧失素朴走向繁华的开端，难免于导向人心浇薄，天下大乱。当然，老子并不绝然反对礼乐，如大音希声所体现的，好的礼乐总是留有余地的，自然生发的，无所作为的。老子所开辟的道家，构成了儒家之外中国传统的又一主流。或以为儒道互补，或以为儒道同源，大抵而言，两者兼而有之。

《老子》选编

一、失义而后礼

【原文】

上德不德[1]，是以有德；下德不失德[2]，是以无德。上德无为而无以为[3]，下德无为而有以为[4]。上仁为之而无以为，上义为之而有以为。上礼为之而莫之应，则攘臂而扔之[5]。故失道而后德，失德而后仁，失仁而后义，失义而后礼。夫礼者，忠信之薄[6]，而乱之首。前识[7]者，道之华，而愚之始。是以大丈夫处其厚不居其薄，处其实不居其华[8]，故去彼取此。

——《老子》第三十八章

【注释】

［1］不德：不自以为有德。

［2］不失德：据守而不失德。

［3］无以为：不刻意去做。

［4］有以为：刻意去做。

［5］攘臂：挥舞、探出手臂。扔，牵引，拉拽。攘臂而扔之，意思是强迫去做。

［6］薄：浇薄。与下文“厚”相反对而言，厚指厚重、笃厚。

［7］前识：预知。

［8］华：华丽，与“实”相对而言。实，本指果实。华，本指花。开花本是为了结出丰硕的果实，人们可能会忘了这原初的目的，而单单艳羡花的美丽。

【译文】

上德之人不自以为有德，所以才会有德。下德之人据守于德生怕失去它，但有时不免于失去而无德。上德之人无为，也不会刻意去做。下德之人也能达到无为，却不免于刻意去做。上仁之人已经有所作为，但他所作所为却不是刻意去达成的。上义之人同样不免于有所作为，而他的所作所为也是刻意去有所作为的。上礼之人行礼于人而不见回应时，不免于探出手臂迫使他人就范。所以说，失去了道，才有所谓德；失去了德，才有所谓仁；失去了仁，才有所谓义；失去了义，才有所谓礼。那礼啊，是忠信趋于浇薄的体现，也是导向祸乱的开始。而自以为预知了礼作为人与人之间所应遵循的规范，而不知道那只是道的华丽的花（而非道之果实），也不知道那实则是导向愚昧的开始。所以大丈夫择笃厚而处，而不居于浇薄；以丰硕的果实为目标，而不流连于那华丽的花，所以他们能够在彼此之间达成合适的取舍。

【点评】

“上礼为之而莫之应，则攘臂而扔之”，这里说的是“礼”强迫使人遵守。“礼”多少会有这样的意思，因为“礼”意味着规矩，为人们的行为划出某种界限，不得逾越。当然，与法相比，礼的约束性要弱化很多，更多的表现为某一群体的习惯，所谓约定俗成，自发的意味更强。

“失义而后礼”，从老子的表述中，我们可以看到，德、仁、义、礼这样一个排序，大抵是每况愈下的，或者说，前者总是比后者更为根本。就这一点而言，儒家也并非与道家截然对立，孔子的文与质对举，而以“质”为更根本，也有一样的意味。不过，两者对于什么是“质”的理解，有所不同，这一点不容否定。再者，孔子强调“质”更为根本的同时，也重视“文”的积极作用，这一点与老子也不同。

“夫礼者，忠信之薄，而乱之首”，从这句话看来，对礼的否定更为严厉。只是我们认真去想，儒家所强调的礼，未必不包含这一层意思。礼与忠信，用孔子的视角看，仍然可以视为文与质的关系，礼为文，忠信为质。作为质的忠信，既有质地、本质的意思，也有质朴的意思。老子称其为厚，厚即笃厚，质朴的意味也在其中。忠信，无论我们视之为质朴、笃厚的情感也好，天性也好，相对于礼而言，无疑是更为根本的，儒家、道家对这一点的肯认，无不同。而礼作为文，的确是一种外在的形式。它为人的质朴、笃厚的情感、天性的表达，提供了一种很美的渠道，这是文对于质的修饰作用，使质的表达看起来不那么唐突。但同时，礼对于情感、天性的修饰，必然有使质朴、笃厚者薄的一面。当这种薄化、弱化的作用发展到极致，就有了老子所说的“忠信之薄，而乱之首”的意味了。就现实生活来讲，人们有时候只在乎礼的形式，而忘记了凭借于礼想要传达的内容。

关于儒道关系，有人认为是儒道同源，有人认为是儒道互补，二者都有一定的道理。只是归根结底而言，儒家的孔子奉行的是一种中道，以老庄为代表的道家所持则是一种片面的真理。如果说儒道同源的话，中道可以涵盖片面，所以孔子像老子一样重视质的同时，最为称道的仍然是文质彬彬的君子。然而就历史的现实而言，达成这样的中道很难，所以公羊家持文质循环的史观。大抵一朝一代的兴盛，总是体现为蔚为大观的文治，也必然会走向文胜于质，形式掩盖了内容，因此也必然走向衰落。质重新觉醒，打破一切，重新来过。老子对于质的片面强调，无疑有助于打破文治所可能形成的僵局，从这一点讲，片面的真理可以弥补中道的缺憾。儒道互补，也是在这个意义上讲的。

二、战胜以丧礼处之

【原文】

夫兵[1]者，不祥之器，物或恶之，故有道者不处。君子居[2]则贵左，用兵则贵右。兵者不祥之器，非君子之器，不得已而用之，恬淡[3]为上。胜而不美，而美之者，是乐杀人。夫乐杀人者，则不可得志于天下矣。吉事尚左，凶事尚右。偏将军居左，上将军居右，言以丧礼处之。杀人之众，以悲哀泣之，战胜以丧礼处之。

——《老子》第三十一章

【注释】

[1] 兵：兵器，武器。

[2] 居：平常。

[3] 恬淡：安静，不张扬。

【译文】

那武器啊，是不祥之物，人们大多厌恶它，所以有道之人也不经常使用。君子之人平常的时候以左为贵，战争的时候却以右为贵。武器是不祥之物，不是君子喜好的器物，没有办法的时候才会使用它，使用时也以保持平常心为好。战争胜利了也不会沾沾自喜，那沾沾自喜的人，是以杀人为乐的人。以杀人为乐的人，是不可能获得天下人的拥戴的。吉庆之事的礼节以左为尊贵，凶丧之事的礼节以右为贵。在军队中，偏将军居于左边，比他地位高的上将军却居于右边，这意味着军队之中的礼节是按照凶丧之礼来安置的。因战事胜利杀人众多，对战死的敌人也以悲哀之情来哀悼他，对待战争胜利也是按照丧礼的礼节来安顿的。

【点评】

无论在古代，还是现在，战争总是残酷的。战争会造成大量无辜者的死亡，这些无辜者，不仅仅包括平民，也包括大部分被卷入战争的一线战士。和平主义的愿景无疑是美好的，不过即便在今天来看，也看不到人类实现永久和平的希望。

据说老子曾为史官，阅尽历史沧桑的老子不是一个单纯的和平主义者。既然战争一时难以避免，那么我们该如何看待战争呢？“以丧礼处之”，是老子给出的一种态度。

从老子的这段话可以看到，他并非一概反对礼，对于礼反倒是很熟悉的。平常的礼、吉庆的礼，以左为尊贵，丧礼却以右为尊贵，军礼也以右为尊贵。老子解读其中的意味为，军礼是按丧礼的模式来安顿的，而不是以平常或吉庆的礼仪来安顿。需要注意的是，这是老子生活的时代军礼本身即如此，而不是老子的设想。当然，老子诠释出其中的意味，同样很深刻。同时，老子还特别强调，“战胜以丧礼处之”，因为战胜者一般必然意味着多杀伤敌人，以此而言，没有什么值得庆祝的。这一点，值得今日仍避免不了战争的人们深思。

老子还指出，武器是不祥之物。在武器高度发达的今天，特别是核武器已足以毁灭人类的今天，尤其需要人们去警惕。

山川渾厚艸木華滋
清湘老人大滌子濟

三、大音希声

【原文】

五色[1]令人目盲，五音[2]令人耳聋，五味[3]令人口爽[4]，驰骋田猎令人心发狂，难得之货令人行妨[5]。是以圣人为腹不为目[6]，故去彼取此[7]。

——《老子》第十二章

【注释】

[1] 五色：指青、赤、黄、白与黑五种颜色。这里泛指缤纷的色彩。

[2] 五音：指宫、商、角、徵、羽。这里泛指华丽的乐章。

[3] 五味：指酸、苦、甘、辛、咸。这里泛指浓郁的美味。

[4] 爽：爽失。口爽，这里指不辨味道。

[5] 妨：妨害。行，德行。行妨，妨害人的德行。

[6] 为腹：以吃饱肚子为目的。为目：以纷华、奢华的生活为目的，为外物、物欲所牵引。

[7] 彼：指“为目”的生活。此：指“为腹”的生活。

【译文】

缤纷的色彩让人眼花缭乱，华丽的音乐震耳欲聋，浓郁的美味让人迷失味觉，骑马打猎让人心发狂，难得的货物会妨害人的德行。所以圣人只追求温饱的生活，而不追求奢靡的享受，所以他们会远离物欲的牵引，而安享温饱的生活。

【点评】

相对于儒家的充分肯定礼乐而言，道家在这一点上，无疑更保持了一种审慎的态度。

就音乐而言，老子说："五音令人耳聋。"这里，五音与五色、五味、驰骋田猎、难得之货相并列，既有美感体验，也有口舌之欲，还有的则属于一般所谓娱乐的范畴，最终得出"圣人为腹不为目"的结论。与"为目"相较，"为腹"，就是说人要有维护个人生存的基本物质保障，这一点无疑是更根本的。即便在物质生产高度发达的今天，世界上仍然有很多人在温饱线、贫困线以下挣扎，遑论老子生活的时代。

同时，老子对人的欲望也保留了一份警惕。圣人虽然"为腹不为目"，但即便是"为腹"，老子也并不赞成人们对于美味的无止境的追求。保有一份简单的生活状态，维持基本生存所需，也就足够了，这是道家所追求的一种恬淡的生活。

"五音令人耳聋""为腹不为目"，中间看似有对于人们的美感体验的否定，实则未必全然如此，老子与道家对于什么是美，什么是美感体验，或许有自己的理解，如"大音希声"所体现的。

【原文】

上士[1]闻道[2]，勤而行之；中士闻道，若存若亡；下士闻道，大笑之，不笑不足以为道。故建言[3]有之：明道若昧，进道若退，夷[4]道若颣[5]。上德[6]若谷，广德若不足，建德若偷[7]，质真若渝[8]，大白若辱。大方无隅[9]，大器晚成，大音希[10]声，大象无形。道隐无名。夫唯道，善贷[11]且成。

——《老子》第四十一章

【注释】

[1] 士：指有修养的人。

[2] 道：道路，指人与万物所遵循的道路。

[3] 建言：立言。指过去的人说的话，被世人普遍认可。就像今天的成语、谚语。

[4] 夷：平。

[5] 颣（lèi）：不平。

[6] 德：与道相对而言。指人与万物秉承于道而具有的。

[7] 建：通“健”，刚健的意思。偷，怠惰。

[8] 渝：污染。

[9] 隅：角，棱角。

[10] 希：稀少。

[11] 贷：给予。

【译文】

上士听说了道，就会努力去实行。中士听说了道，若有若无，有时会实行，有时会忽视。下士听说了道，会大声嘲笑，如果不被他们嘲笑的，那也不足以称为道了。所以古人立言这样说过：明白的道看起来却像暗昧，进取的道看起来却像退缩，平坦的道看起来却似不平。崇高的德看起来像低低的山谷，广大的德看起来却像有所不足，刚健的德看起来却像怠惰而无所作为，质地纯真看起来却像有所污染，洁白无瑕反而像含污纳垢。最大的方却没有棱角，大而珍贵的器物要很晚才能造就，最美的音乐反而音符稀少，最大的形象却无形迹可寻。道幽隐而无可名状。只有那道，善于给予而成就万物。

【点评】

“大音希声”，这就是老子提出的道家的音乐美学，对于中国传统音乐，特别是雅乐，有着深远的影响。

我们说，对于什么是美，老子与道家或许有一种不同的理解。老子就曾说，“天下皆知美之为美，斯恶已”（《老子》二章）。这是说，天下人都认为是美的东西，可能并没有那么美，也可能是某种丑。美，可能是独特的，可能是特立独行的。这一点，看似不好理解，实则流行与经典之间的差异，就能够很好地解释老子的这种美学观念。流行就是“天下皆知美之为美”，但流行就像一阵风，总是变化不居的，过去了也就过去了。经典则很难引发流行一般的风暴，但却具有永恒的魅力。

另一方面，美与恶、美与丑之间，既是相对而生，又是相伴而生的，这体现了老子与道家的智慧。就像本章中我们看到的，明与昧，进与退，夷与纇，和美与恶一样，虽然相反，实则相成。光明、进步、坦途，无疑是世人所追求的，但它们随时可能流向自身价值的反面，所以道家警醒人们，在这种追求中要保留一份审慎，要留有余地。对于美的追求、美的传达，也是如此。

“大音希声”，具体表现于音乐中，则是古典音乐中的留白，与国画中的留白一样。我们听一首古琴曲，并不会被紧凑的节奏所牵引，总是会面临大量的空白，让人回味，所谓“此时无声胜有声”。空灵本身就是一种美，这种空灵，并不是纯然的空白，而是由美好的音符、乐章烘托而出的空灵。

“大音希声”，在美的传达者与感受者之间，在艺术家、音乐家与受众之间，同样是留有余地的。音乐家作为美的发现者、创造者，希望凭借音符、乐章传达出去。但在创作过程中，他必须保持克制、谦逊，而不是将自己的体会和盘托出。审美者作为受众，在这种留有余地的美的传达中，可以凭借个人的审美体会加以发挥。在美的传达者与感受者之间，是一种相对待的平等关系。老子应该会反对今天的粉丝文化与饭圈文化，它体现的是施与受之间完全的掌控与被掌控关系。

《庄子》

《庄子》概论

一、《庄子》成书

《庄子》，又称《南华真经》，是庄子及庄子后学的著作。庄子（约公元前369年—前286年），姓庄名周，战国中期宋国蒙人，曾当过蒙漆园吏这样的小吏。道家学派的重要代表人物，与老子并称“老庄”。庄子生活的年代与儒家孟子生活的年代相当，但二人著述中不曾相互提及。传世本《庄子》总计三十三篇，由内篇、外篇、杂篇三部分组成，内篇七篇，外篇十五篇，杂篇十一篇。首先可以确定一点的是，《庄子》全书并非出自一人之手，但各篇的作者已难以厘清。一般而言，大多认为内篇是庄子所著，《外篇》与《杂篇》当出于庄子后学之手。历代注释《庄子》者较多，比较好的注本有西晋玄学家郭象的《庄子注》，唐成玄英的《庄子疏》，南宋林希逸的《南华真经口义》，明代释德清的《庄子内篇注》，清郭庆藩的《庄子集释》，清王先谦的《庄子集解》。

二、《庄子》特色

《庄子》一书每篇均独立成篇，且出于个人撰著，文章一气呵成，读之令人拍案叫绝。《庄子》擅长讲寓言故事，每篇寓言均占很大比例，夹叙夹议，引人入胜。关于它的文风，《庄子》末篇《天下篇》曾以“谬悠之说，荒唐之言，无端崖之辞”加以概括，可谓善于形容。之所以会形成这样独特的风格，当然和他的思想方式密切相关。如果说孔子是长者，老子是智者，与庄子同时代的孟子是一个浩然之气独存的大丈夫的话，那么，庄子则可以说是一个深刻、深邃的思想者，故《庄子》文风浪漫而丝毫不可能流于浅薄。庄子之深刻表现在对于现实的深入批判，庄子生活的时代，依旧是一个失序的乱世，他的很多谬悠、荒唐之言，多因残酷的现实有所激而发。庄子的深刻还表现于对人生际遇的无止境的反省，包括人的生死、人的命运，等等。庄子的深刻还表现于对于世俗价值的全面重估，包括儒家所提倡的礼乐。当然，这种重估在某种意义上是老子思想的深入发展，对于礼乐的价值判断也并不完全一致，或出于究竟之论，或为一时权宜的说法，当然，也与《庄子》非出于一人之手有关。以音乐而论，庄子则为传统的音乐美学奠定了重要的思想基础。

《庄子》选编

一、至礼有不人

【原文】

子桑户、孟子反、子琴张三人相与语曰："孰能相与[1]于无相与，相为[2]于无相为？孰能登天游雾，挠挑无极[3]，相忘以生，无所终穷[4]？"三人相视而笑，莫逆于心，遂相与为友。

莫然[5]有间，而子桑户死，未葬，孔子闻之，使子贡往侍事[6]焉。或编曲，或鼓琴，相和而歌曰："嗟来[7]桑户乎！嗟来桑户乎！而[8]已反其真，而我犹为人猗[9]。"

子贡趋[10]而进曰："敢问临尸而歌，礼乎？"

二人相视而笑，曰："是恶[11]知礼意！"

子贡反[12]以告孔子曰："彼何人者邪？修行无有，而外其形骸，临尸而歌，颜色不变，无以命[13]之。彼何人者邪？"

孔子曰："彼游方之外者也，而丘[14]游方之内者也。外内不相及，而丘使女往吊之，丘则陋矣。彼方且与造物者为人，而游乎天地之一气。彼以生为附赘悬疣[15]，以死为决疣[16]溃痈[17]。夫若然者，又恶乎知死生先后之所在？假于异物，托于同体，忘其肝胆，遗其耳目，反复终始，不知端倪。芒然彷徨乎尘垢之外，逍遥乎无为之业。彼又恶能愦愦[18]然为世俗之礼，以观众人之耳目哉！"

子贡曰："然则夫子何方之依？"

孔子曰："丘，天之戮民也。虽然，吾与汝共之。"

子贡曰："敢问其方？"

孔子曰："鱼相造乎水，人相造乎道。相造乎水者，穿池而养给。相造乎道者，无事而生定。故曰：鱼相忘乎江湖，人相忘乎道术。"

子贡曰："敢问畸人？"

曰："畸人者，畸于人而侔于天。故曰：天之小人，人之君子；人之君子，天之小人也。"

——《庄子·大宗师》

【注释】

[1] 相与：相交。

[2] 相为：相互帮助。

[3] 挠挑：跳跃。无极：无边无际。

［4］终：终结。穷：穷尽。

［5］莫：通“漠”。莫然，即漠然，指他们之间淡如水的君子之交。

［6］事：此处指丧事、丧礼。侍事，帮助他们料理丧事。

［7］嗟来：犹嗟乎，感叹词。

［8］而：即尔，指代你。

［9］猗：句末语气词。

［10］趋：快步走。

［11］恶：怎么。

［12］反：通“返”，返回。

［13］命：称谓。

［14］丘：孔子名丘，此处是孔子自称。

［15］赘：赘肉。疣：疣子。都是人体上病态的、多余的滋生物。

［16］疣（huàn）：疽。

［17］痈（yōng）：脓疮。

［18］愦愦（kuì kuì）：烦乱的样子。

【译文】

子桑户、孟子反、子琴张这三人相互说道："谁能够相互交往却好像没有交往，相互成就却好像没有刻意成就？谁能够登上天空遨游于云雾之间，在无边无际中跳跃，忘了所谓的生死，没有终结与穷尽的那一天？"三人说完互相看了看，笑了，内心之间无所违逆，于是相互间交起了朋友。

淡然之交过了一段时间，子桑户死了，还没有安葬。孔子听到这个消息，让他的弟子子贡去帮忙料理丧事。子贡去了之后看到，剩下的两个人，有的编曲，有的弹琴，相互应和着唱道："哎呀桑户呀！哎呀桑户呀！你已经回归本真，而我们还在这里做人啊！"

子贡快步走到跟前问道:“敢问两位在逝者的尸身前放声高歌，合于礼吗？”

两个人互相看了一眼笑道:“你怎么知道礼的真意呢！”

子贡回来告诉老师孔子说：“他们是什么人呀！没有修行，不在乎人的形骸，对着尸身放声高歌，面不改色。简直没有办法说他们。他们到底是什么人呀！”

孔子说：“他们是在这个世界之外遨游的人，而我孔子是这个世界中的人。方外、方内本不相干，我却让你前去吊丧，是我孤陋唐突了。他们正与造物者相伴而为人，遨游于天地大化流行的一气之间。他们看待活着，就像身上长出的多余的瘤子、疣子一样，而死，不过是戳破这些把脓疮放出来罢了。像这样的人，死或生，早或晚，对于他们来说又有什么意义呢？活着，无非是假借于不同的事物，而形成一个固定的形体。是肝也好，是胆也好，是耳朵也好，是眼睛也好，虽形体不同，这中间有什么本质的差别吗？不过是循环往复、周而复始罢了，谁知道哪里是开端呢？茫茫然彷徨于尘世之外，逍遥于无为的境地。他们又怎么可能不胜其烦地遵循世俗的礼仪，去做给众人看呢？”

子贡说:“那么老师您又遵从于什么呢？”

孔子说:“我不过是上天放逐之人。虽然这样，我愿意和你勉力共同去做。”

子贡说:“敢问老师该怎么做？”

孔子说：“鱼在水中共处，人在道中共处。在水中共处的鱼，从池子的这头游到那头，就可以得到足够的给养。在道中共处的人，无所事事也可以达成心性的安定。所以说:鱼只有在江湖之中可以相忘而共生，人只有在道术之中可以相忘而并存。”

子贡说:“敢问老师，什么是畸人？”

孔子说：“畸人啊，在人看来是畸形的奇怪的存在，却与上天相匹配。所以说：在上天看来是小人的人，在人看来是君子；在上天看来是君子的人，在人看来是小人。”

【点评】

这是《大宗师》中庄子讲述的寓言故事。其中，子桑户、孟子反与子琴张三个是虚构的人物，被孔子称为“方外”之人。孔子和子贡实有其人，故事则为虚构。

子桑户、孟子反与子琴张三人是好朋友，子桑户死了，孔子派子贡前去吊唁并帮忙料理丧事。子贡看到的却是孟子反、子琴张二人临尸而歌，质问他们的行为不合于丧礼。子贡回头把他的疑惑告诉了老师孔子，孔子对于他们这种看起来不合于礼的行为方式给出了一种同情的解读。子贡又进一步追问孔子的选择，孔子给出了自己的解答。需要注意的是，孔子的选择，和孟子反、子琴张的选择并不同。在庄子的寓言中，借孔子之口给出了更高明的选择。在《庄子》内篇的寓言中，孔子多是正面的圣人形象。有意思的是，庄子寓言中的孔子形象，多让人能联想起《论语》中所记录的孔子和当时的隐者相遭逢的情形。如此看来，庄子是非常理解孔子的。

这个寓言表面上是在探讨合不合于丧礼的问题，实则主要在谈对于生死的理解。就庄子本人的生死观而言，他视生死为一种必然的变化，这种变化和早与晚、梦与醒的变化没有什么不同。庄子反对人们执着于人的形体而恐惧、拒绝变化，强调安时处顺，顺其自然，顺应变化。孔子所解读寓言中的三个方外之人的生死观与庄子不相违背，只是采取了一种更为偏激、激烈、惊世骇俗的表达方式。

需要说明一点的是，庄子的生死观并不必然排斥丧礼。死亡诚然是一种自然而然的变化，但对于我们仍然在世间的人而言，曾和我们共同生活在这个世界的死者毕竟离开了这个世界，无论他死后化为什么，他还是离开了我们。就这一点而言，仍在这个世界的生者，对于离开我们的死者，借助丧礼表达一份哀思，也没有什么不合理的了。

当然，在这个寓言故事中，庄子并没有这层意思的表达，但庄子借助孔子之口，给出了对他所认为的理想社会的期许。这与礼对社会生活、社会秩序的安顿有关，但并不相同。

礼的意义、礼的作用是多端的，社会群体间的互助是其中的重要一种。寓言中的子桑户死了，孔子派子贡去吊唁并帮助他们料理丧事，体现的就是礼的互助意味。即便以今天的丧礼而言，某家遭遇丧事，亲朋好友也要前去吊唁，以帮助他们挨过失去亲人的痛楚。即便被视为陋俗的随份子，原初也无非是为了集资互助，帮助人们完成养生送死的大事。

在这则寓言里，庄子借孔子之口表达的期许有所不同："鱼相忘于江湖，人相忘于道术。"什么是"鱼相忘于江湖"？寓言里孔子的解释是"穿池而养给"，说的是水中的小鱼从池子的这边游到那边，就能得到足够的给养。如果这样讲仍不够清晰的话，同样出于《大宗师》的一段话给出的对照则足够清楚："泉涸，鱼相与处于陆，相呴以湿，相濡以沫，不如相忘于江湖。"这是说，泉水干涸了，鱼群来到了陆地上，为了维系生命，不得不以湿气、口水相互滋润，这种处境怎么比得上鱼在水中自由自在地游来游去，自给自足，彼此之间了无相干的状态呢？在庄子看来儒家的礼的互助，就有这种"相呴与湿，相濡以沫"的意味，只是在不得已的情境下无奈的选择。最好的状态，对于鱼来说，是相忘于江湖，对于人而言，是相忘于道术。这种理想社会的情景究竟是怎样的，我们在此不去深究，它体现的是庄子对于人处身天地大化流行中的一种达观。

【原文】

碾[1]市人之足，则辞[2]以放骜[3]，兄则以妪，大亲[4]则已矣。故曰：至礼有不人[5]，至义不物[6]，至知不谋，至仁无亲，至信辟金[7]。

——《庄子·庚桑楚》

【注释】

[1] 碾：踩踏。

[2] 辞：谢罪，致歉。

[3] 放骜（áo）：放肆，唐突。

[4] 大亲：父母。

[5] 不人：视人若己，无人我之区别。

[6] 不物：物我各得其宜，不强彼以就此，无物我之分。

[7] 辟金：辟，去除。金，金玉，这里指作为质证的金玉。辟金即不需要以金玉为质证。

【译文】

踩到了路人的脚，就会以冒失致歉，踩了兄弟的脚会感到怜惜，踩到了父母的脚就不会有什么表示。所以说：至高的礼没有人我之分，至高的义没有物我之分，至高的智慧不会费尽心思谋划，至高的仁没有什么特别亲近的，至高的信不需要以金玉为质证。

【点评】

踩了陌生人的脚和踩了亲人乃至父母的脚，我们的表现的确不同。踩了陌生人的脚致歉，这是一种礼貌，踩了父母的脚则未必如此，因为我们与父母之间如此亲密无间，文中由此得出“至礼有不人”的结论——至礼，也是无人我、彼此的区分的。

现实中，我们确实要面对不同的人，有亲有疏，有长辈有晚辈，有陌生人有熟人，等等。既然事实上有如此差别，儒家的礼也会体现出这种差别。我们真可以做到对待路人和对待父母一样吗？

【原文】

孔子愀然[1]曰：“请问何谓真？”

客曰：“真者，精诚之至也。不精不诚，不能动人。故强哭者，虽悲不哀；强怒者，虽严不威；强亲者，虽笑不和。真悲无声而哀，真怒未发而威，真亲未笑而和。真在内者，神动于外，是所以贵真也。其用于人理也，事亲则慈孝，事君则忠贞，饮酒则欢乐，处丧则悲哀。忠贞以功为主，饮酒以乐为主，处丧以哀为主，事亲以适为主。功成之美，无一其迹矣；事亲以适，不论所以矣；饮酒以乐，不选其具矣；处丧以哀，无问其礼矣。礼者，世俗之所为也；真者，所以受于天也，自然不可易也。故圣人法天贵真，不拘于俗。愚者反此，不能法天而恤[2]于人，不知贵真，禄禄[3]而受变于俗，故不足。惜哉，子之蚤湛[4]于人伪而晚闻大道也！”

孔子又再拜而起曰：“今者丘得遇也，若天幸然，先生不羞而比之服役而身教之。敢问舍所在也，请因受业而卒学大道。”

客曰："吾闻之，可与往者，与之至于妙道；不可与往者，不知其道，慎勿与之，身乃无咎。子勉之，吾去子矣，吾去子矣！"乃刺船[5]而去，延缘[6]苇间。

——《庄子·渔父》

【注释】

[1] 愀（qiǎo）然：作色，严肃。

[2] 恤：忧虑，顾虑。

[3] 禄禄：通"碌碌"，平庸的样子。

[4] 湛：沉溺，陷溺。

[5] 刺船：撑船。

[6] 延缘：二字都是沿的意思。

【译文】

孔子忧虑地请教："请问什么叫作真？"

渔父回答说："所谓真，就是精诚之至。不精不诚，就不能打动人。所以勉强去哭的，虽然看上去很悲痛却并不哀伤；勉强发怒的，虽然看上去很严肃却不足以震慑人；勉强去表现出亲近的样子，虽然笑眯眯的却不会让人感到和气。而真正的悲哀，不发声也能让人感觉到他的哀戚；真正的怒，不发作也足以震慑人；真正的亲近，没有笑脸也能让人感到一团和气。内心有这种真，神态自然表现于外，所以内心的真弥足珍贵。它应用于待人接物上，事奉父母必然孝慈，事奉君主必然忠贞，饮酒必然欢乐，对待丧事必然哀戚。忠贞以功业为主，饮酒以快乐为主，对待丧事以哀戚为主，事奉父母以让他们舒适为主。功业成就的完美，并非只有单一的路径可以达到；事奉双亲让他们舒适，不论用什么办法，能达到就好；饮酒以追求快乐，并不一定非选择什么特别的酒具；对待丧事要哀戚，不必拘泥于什么礼。礼是世俗人的所作所为，真才是我们禀受于上天的，自然而有，不可改易。所以圣人取法上天，以真为贵，而不拘泥于世俗。愚人与此相反，不能取法上天而顾虑于人，不知道以真为贵，庸庸碌碌而被世俗所变化，所以不能自我满足。可惜呀，你早早就陷溺于人世间的伪，而太晚听闻大道了！”

孔子再拜而起说：“如今我得以遇见您，是上天给我的幸运，愿先生您不以我为羞而视我为弟子加以亲身教诲。敢问您家在哪里，我愿意到您那里接受教诲以最终学成大道。”

渔父说：“我听说，可以与他一同去的，就和他一同去达到妙道；不可以和他一同去的，他不可能知晓道，需慎重不要轻易传授给他，自身才能避免过失。你努力吧，我离你而去了，我离你而去了！”于是撑船离开了，沿着岸边的芦苇丛。

【点评】

《渔父》通篇由一个完整的寓言故事构成，主要是围绕一个世外高人渔父遇见和弟子讲学论道的孔子发生的事情展开。

在这段对话中，渔父提到了真，认为真出自天然，禀受自天，礼则出于人为，所以提倡“法天贵真”。这个真，与我们今天所说的真诚相近。我们看到，这里对于慈孝、忠贞、处丧要哀戚等世俗价值并没有简单地否定，只是强调有内心的真诚，这一切的发生就是自然而然的了。而慈孝、忠贞等价值实现的途径则是多端的，不一定非要拘泥于礼俗，刻意去怎么做。

这可以以孔子的文质观念加以审视，这里的“真”就是道家对于“质”的理解，和儒家强调的“诚”有相类处。只不过儒家认为，适恰的“文”，也就是适当的形式，能够更好地体现“质”。道家则认为，有此“质”就足够了，至于体现“质”的途径、方法、形式则有多端，不必拘泥。而且，“文”往往会遮蔽“质”。

二、礼与素朴

【原文】

夫至德之世，同[1]与禽兽居，族与万物并，恶[2]乎知君子小人哉！同乎无知，其德不离；同乎无欲，是谓素朴，素朴而民性得矣。及至圣人，蹩躠[3]为仁，踶跂为义，而天下始疑矣；澶漫[4]为乐，摘僻[5]为礼，而天下始分矣。故纯朴[6]不残，孰为牺尊[7]？白玉不毁，孰为珪璋[8]？道德不废，安取仁义？性情不离，安用礼乐？五色不乱，孰为文采？五声不乱，孰应六律？夫残朴以为器，工匠之罪也；毁道德以为仁义，圣人之过也。

夫马，陆居则食草饮水，喜则交颈相靡[9]，怒则分背相踶[10]，马知已此矣！夫加之以衡扼[11]，齐之以月题[12]，而马知介倪[13]、闉扼[14]、鸷曼[15]，诡衔[16]、窃辔[17]。故马之知而态至盗者，伯乐之罪也。

夫赫胥氏之时，民居不知所为，行不知所之，含哺而熙[18]，鼓腹而游，民能以此矣。及至圣人，屈折[19]礼乐以匡天下之形，县跂[20]仁义以慰天下之心，而民乃始踶跂[21]好知，争归于利，不可止也。此亦圣人之过也。

——《庄子·马蹄》

【注释】

［1］同：和下文“族”相同，都是大家一起、大家一样的意思。

［2］恶（wū）：怎么。

［3］蹩躠（bié xiè）：与下文“踶跂”（zhì qí）一样，历代注解都以勉力而为、努力去做加以解释，大致可以这样说。以庄子的原文中的语意而言，包含的贬义更浓。就如画蛇添足、削足适履、狗尾续貂、拔苗助长等成语所体现的意思，努力也是一种无谓的努力。或如庄子下文所言，是一种残害纯朴的努力。

［4］澶（chán）漫：注家有以“纵逸”加以解释，说的是音乐的铺陈失去了节制。

［5］摘僻：琐碎。

［6］纯朴：这里特指完整的树木。

［7］牺尊：祭祀用的礼器。尊，通“樽”，酒器。牺尊，是刻为牛首的酒器，用于宗庙祭祀。

［8］珪璋：玉制的礼器。

［9］靡：通摩，摩擦的意思。

［10］踶：通蹄，动词，用蹄子踢。

［11］衡：马辕前的横木。扼，系马颈的绳索。

［12］月题：马额头上的装饰，形状似月。

［13］介倪：独立而怒视。

［14］闉扼：曲颈以摆脱束缚。

［15］鸷曼：抵触车盖。

［16］诡衔：吐出勒马口的东西。

［17］窃辔：口咬马缰绳。窃，通啮。

［18］熙：通嬉，嬉戏的意思。

［19］屈折：屈曲折旋，形容行礼的样子。

［20］县：通悬。县跂，高悬（仁义）使人翘足以盼。

［21］踶跂：形容相争的样子。

【译文】

在至德盛行的时代，大家一样和禽兽居于一处，大家一起与万物并生，哪里知道什么君子、小人的区分呀！同样的无知，所以他们的德性不至于迷失；同样的无欲，这就叫作素朴，素朴才能保有人们的本性。到了圣人出现的时候，鼓动人们勉力行仁，竞相赴义，天下人这时候就开始迷惑了。铺陈华丽的乐章，琐琐碎碎以行礼，天下人这时候就开始有三六九等的分别了。所以不破坏完整的原木，怎么会有祭祀用的酒器？不毁坏洁白的璞玉，哪里有什么行礼用的珪璋？不废弃原本的道德，仁义能有什么可取之处呢？不迷失本来的性情，哪里用得着什么礼乐呢？五色不被混乱，怎么有使人眼花缭乱的缤纷色彩？五声不被错乱，怎会有六律？破坏纯朴来制造器具，这是工匠的罪过；破坏道德而推行仁义，这是圣人的过错。

马在大地生活的时候，就是吃吃草，喝喝水。高兴了就互相摩擦摩擦脖子，生气了就背对背踢上两脚，马的智慧不过如此而已。后来人们驯服了马，给马加上束缚，装上配饰，于是马知道了如何千方百计摆脱、破坏束缚。所以说让马的智慧达到强盗的程度，那是伯乐的罪过。

在赫胥氏的时代，人们平常无所事事，走路也没有特定的目的地。嘴里吃着食物相互嬉戏，吃饱了就鼓着肚子游玩，人们的能力不过如此而已。到了圣人出现的时候，用礼的屈曲周旋来约束人们的形体，标榜仁义来劝慰天下人的心。这时候人们就开始纷纷而起追求智慧，竞相逐利，没有办法制止，这是圣人的过错。

【点评】

《马蹄》出自外篇，所讲述的意思，大致是对前面我们讲过的《老子》“失道而后德，失德而后仁，失仁而后义，失义而后礼。夫礼者，忠信之薄，而乱之首”这一段话的发挥，而批判的意味更强。

文中描述了一个至德之世，民智未开，人们懵懵懂懂，无知无欲，并认为如此状况更适合保有人的本性，不偏离于道德。到了圣人标榜仁义，用礼乐约束人之后，民智开发，人的素朴被破坏，纷争之心并起，天下大乱，不可制止。

文中所描述的“至德之世”，是否值得人们期许，大抵是一个见仁见智的问题。仁义、礼乐，儒家所标榜的，为世俗所广泛接受的美好价值观念，可能引起人们的纷争，这一点并非无的放矢，值得我们警醒。

【原文】

且夫待钩绳规矩[1]而正者，是削其性；待绳约胶漆[2]而固者，是侵其德也。屈折[3]礼乐，呴俞[4]仁义，以慰天下之心者，此失其常然也。天下有常然，常然者，曲者不以钩，直者不以绳，圆者不以规，方者不以矩，附离不以胶漆，约束不以纆索[5]。故天下诱然皆生而不知其所以生，同焉皆得而不知其所以得。故古今不二，不可亏也。则仁义又奚连连如胶漆纆索，而游乎道德之间为哉？使天下惑也。夫小惑易方[6]，大惑易性。何以知其然邪？自虞氏招仁义以挠天下也，天下莫不奔命于仁义，是非以仁义易其性与？

——《庄子·骈拇》

【注释】

[1] 钩：曲尺，木工画曲线的工具。绳：画直线的工具。规：画圆形的工具。矩：画方形的工具。

[2] 绳约：捆绑缠缚的工具。胶漆：粘合的工具。

[3] 屈折：周旋。

[4] 呴（xǔ）俞：爱抚。

[5] 纆索：绳索。

[6] 方：方向。

【译文】

要依靠钩绳规矩加以匡正的，是损害了事物的本性；依靠绳约胶漆得以加固的，是侵害了事物固有的样子。依靠礼乐来周旋，依靠仁义来爱抚，用以安定天下人心，这是违背了常道。天下有其常道，这常道就是，弯曲的并非因为钩，笔直的并非因为绳，圆的并非因为规，方的也并非因为矩，粘合在一起的并非因为胶漆，捆缚在一处的也不是因为绳索。所以天下万物都自然而生却不知为什么生，同样各得其所却不知道为什么如此。所以古今都是一样，不能用外力使其亏缺。那么又何必非要纠结于像胶漆绳索一样的仁义，强加于道德之间呢？让天下人迷惑不已。小的迷惑让人不辨方向，大的迷惑则会改变人的本性。怎么知道是这样呢？自从大舜标榜仁义来惑乱天下人心，天下人没有不奔命于仁义的，这难道不是用仁义来改变人的本性吗？

【点评】

在《骈拇》这段话中，把礼乐仁义比喻为钩绳规矩、绳约胶漆。大概的意思是这样的，方圆曲直是有的事物所固有的，当然，也是有的事物所没有的。人们因为喜欢方圆曲直，以之为美，以之为好，于是发明了钩绳规矩这样的工具，使不合于方圆曲直的也能够相符合，而完全不顾及事物本来的样子。绳约胶漆这样把事物捆绑粘合在一处的工具也一样，完全不顾及事物是否适合或者愿意被合并于一处。在《骈拇》看来，仁义礼乐就像钩绳规矩、绳约胶漆，作为准绳规范制约着人的本性，使人与人之间看似和谐共处一处，实则违背于人的本性，违背于道德。

【原文】

温伯雪子[1]适[2]齐，舍于鲁。鲁人有请见之者，温伯雪子曰："不可。吾闻中国之君子，明乎礼义而陋[3]于知人心。吾不欲见也。"

至于齐，反[4]，舍于鲁，是人也又请见，温伯雪子曰："往也蕲[5]见我，今也又蕲见我，是必有以振[6]我也。"出而见客，入而叹。明日见客，又入而叹。

其仆曰："每见之客也，必入而叹，何邪？"

曰："吾固告子矣，中国之民，明乎礼义而陋乎知人心。昔之见我者，进退一成规，一成矩，从容一若龙，一若虎。其谏我也似子，其道[7]我也似父，是以叹也。"

仲尼见之而不言。子路曰："吾子欲见温伯雪子久矣。见之而不言，何邪？"

仲尼曰："若夫人者，目击而道存矣，亦不可以容声矣！"

——《庄子·田子方》

【注释】

[1] 温伯雪子：楚人。

[2] 适：去往。

[3] 陋：固陋。

[4] 反：返回。

[5] 蕲：期望。

[6] 振：启发。

［7］道：通“导”，引导。

【译文】

楚人温伯雪子到齐国去，途中下榻于鲁国。鲁国有个人想拜访他，温伯雪子说：“不行。我听说中原国家的君子们，知晓礼义，却固陋而不知人心，我不想见。”

到了齐国后返回，再次下榻于鲁国，那个鲁国人还想拜访他，温伯雪子说：“上次就想见我，这次还想见我，这一定有什么可以启发我的。”于是出来与这个客人相见，回来的时候忍不住叹气。明天又与客人相见，回来的时候还是叹气。

他的仆人说：“每次见到那个客人，回来的时候一定会叹气，怎么回事？”

温伯雪子说：“我本来就告诉过你，中原国家的人们，知晓礼义，却固陋而不知人心。那个和我见面的人，进退之间，规规矩矩，举止从容，如龙如虎。可是劝谏我的时候，就像我的儿子，引导我的时候，又像我的父亲，所以忍不住叹气。”

孔子见到了温伯雪子什么也没有说。他的学生子路问：“老师您想见温伯雪子很久了，见到他反而什么也没有说，怎么回事？”

孔子说：“像温伯雪子这样的人，眼睛触及到就知道道之所存了，又有什么容得声音去传达呀！”

【点评】

“明乎礼义而陋乎知人心”，是《田子方》中借温伯雪子之口对鲁国君子的评价，也就是对儒家的评价。“明乎礼义而陋乎知人心”的意思大致是拘泥于礼义，而不能洞察人心，往往会让人不适。就像温伯雪子见到的这个鲁国君子，以其所知晓的礼义喋喋不休，像儿子一样加以劝谏，像父亲一样加以引导，完全不顾及温伯雪子的感受。相比较而言，寓言中的孔子倒是深知温伯雪子了。

【原文】

知[1]北游于玄水[2]之上，登隐弅[3]之丘，而适遭无为谓焉。知谓无为谓曰：“予欲有问乎若：何思何虑则知道？何处何服[4]则安道？何从何道则得道？”三问而无为谓不答也。非不答，不知答也。

知不得问，反于白水之南，登狐阕[5]之上，而睹狂屈焉。知以之言也问于狂屈，狂屈曰：“唉！予知之。将语若，中欲言而忘其所欲言。”

知不得问，反于帝宫，见黄帝而问焉。黄帝曰：“无思无虑始知道，无处无服始安道，无从无道始得道。”

知问黄帝曰：“我与若知之，彼与彼不知也，其孰是邪？”

黄帝曰：“彼无为谓真是也，狂屈似之，我与汝终不近也。夫知者不言，言者不知，故圣人行不言之教。道不可致，德不可至。仁可为也，义可亏也，礼相伪也。故曰：‘失道而后德，失德而后仁，失仁而后义，失义而后礼。礼者，道之华而乱之首也。’故曰：‘为道者日损，损之又损，以至于无为。无为而无不为也。’今已为物也，欲复归根，不亦难乎！其易也，其唯大人乎！生也死之徒，死也生之始，孰知其纪！人之生，气之聚也。聚则为生，散则为死。若死生为徒，吾又何患！故万物一也。是其所美者为神奇，其所恶者为臭腐。臭腐复化为神奇，神奇复化为臭腐。故曰：‘通天下一气耳。’圣人故贵一。”

知谓黄帝曰："吾问无为谓，无为谓不应我，非不应我，不知应我也；吾问狂屈，狂屈中欲告我而不我告，非不我告，中欲告而忘之也；今予问乎若，若知之，奚故不近？"

黄帝曰："彼其真是也，以其不知也；此其似之也，以其忘之也；予与若终不近也，以其知之也。"狂屈闻之，以黄帝为知言。

——《庄子·知北游》

【注释】

［1］知：通"智"。与下文无为谓、狂屈，都是虚构的人物名字。

［2］玄水：河的名字。玄，黑色。

［3］隐弅：丘的名字。弅（fèn），隆起的意思。

［4］服：行。

［5］狐阕（què）：丘的名字。

【译文】

知北游到了玄水边上，登上隐弅丘，正好遇见了无为谓。知对无为谓说："有件事儿我想问问你：如何思虑才能晓得道？如何行止才能安于道？从什么途径用什么方法才能获得道？"问了三遍无为谓都没有回答。并非不去回答，而是不知道去回答。

知得不到他问题的答案，返回到白水的南边，登上了狐阕丘，看到了狂屈。知用同样的话问狂屈，狂屈说："哎呀！我知道。想要告诉你，心中想说却忘记了想要说的话了。"

知得不到他问题的答案，回到宫殿，见到黄帝问相同的问题。黄帝说：

“无所思虑才能知晓道，无所行止才能安于道，没有途径和方法可以探求才能获得道。”

知问黄帝说：“我和你都知道这个道理，无为谓和狂屈却不知道，那么谁对呢？”

黄帝说：“那无为谓才是真对，狂屈似乎对，我和你终究还差得远。知道的人不会去说，说出来的人不会知道，所以圣人实行的是无言的教诲。道本来就不能招致，德也本来不能达到。仁倒是可以作为的，义也会有所亏欠，礼终究以虚伪相对待。所以说：‘失道而后德，失德而后仁，失仁而后义，失义而后礼。礼者，道之华而乱之首也。’所以说：‘为道者日损，损之又损，以至于无为。无为而无不为也。’如今已经生成而为某物，想要再度回到本来的根源，不也是很难的吗？如果说容易的话，只有大人能做到。生是死的继续，死是生的开始，谁知道生死的端倪呢！人的生命，不过是气凝聚而成。气凝聚就形成生命，气消散就会死亡。如果我们知道了死生相续的道理，我们又有什么值得恐惧的呢？所以说万物本来一样，人们喜欢的就以为很神奇，人们讨厌的就以为是臭腐。而臭腐终究会化为神奇，神奇也终究会化为臭腐。所以说：‘通天下一气耳。’所以圣人以一为贵。”

知对黄帝说：“我问无为谓，无为谓不回应我，不是不回应我，是根本不知道回应我。我问狂屈，狂屈心中想告诉我却没有告诉我，不是不告诉我，是心中想告诉却忘了要说什么。如今我问你，你知道怎么回答我，为什么你却说自己差得很远呢？”

黄帝说：“那无为谓真的对，正因为他不知道回应你；这狂屈似乎对，正因为他忘了想说什么；我和你终究差得远，是因为我们知道这个道理。”

狂屈听到了这件事，认为黄帝是善于通过语言来辨识人的。

【点评】

这则寓言故事是对老子“失道而后德，失德而后仁，失仁而后义，失义而后礼”一段话的发挥。

故事中除黄帝实有其人外，其他三人均为虚构，虚构之人取名均有其寓意，对于道的体会有层次高低之别。无为谓，名字是无为、无谓（无言）的意思，是真能体道的人。狂屈，取名有似于孔子所称道的狂者、狷者，是似能体道的人。知，取名是智慧意思，反而距离体道差得很远。就体道而言，黄帝和知大抵是同一层次的人。

道家所推崇的道，在他们看来是无为的，也是不可言说的。这一点看起来不太好理解，不过，我们来看看与之相比对而言的仁、义与礼的价值，多少能够理解道的无为与不可言说的特质。所谓“仁可为也，义可亏也，礼相伪也”，这里，仁是“可为”的，此“可为”即可以有所作为，它必然内涵着仁有作为不到的地方。“义”可以亏缺、亏欠，恰恰源于“义”如“仁”一样，可以作为，宜于彼的不见得宜于此。“礼”是人与人相待之道，本身是追求以真诚相待，然而不免于滑向虚伪。因此，道的“无为”，也意味着它不会亏缺，也不会滑向虚伪。道不可言说，因为语言能够传达的终究有限，终究有其涵盖不到的地方。道家看到的“仁”“义”与“礼”等儒家所弘扬的价值相对性的一面，他们尝试探求某种绝对、绝待的道或者一。并以此为立场，对于仁、义、礼乃至于生死等世俗观念给出自己的评判。

三、礼与治理天下

【原文】

而且说[1]明邪，是淫于色也；说聪邪，是淫于声也；说仁邪，是乱于德也；说义邪，是悖于理也。说礼邪，是相[2]于技也；说乐邪，是相于淫也；说圣邪，是相于艺也；说知邪，是相于疵也。天下将安其性命之情，之八者存可也，亡可也。天下将不安其性命之情，之八者乃始脔卷[3]獊囊[4]而乱天下也，而天下乃始尊之惜之，甚矣天下之惑也！岂直过而去之邪，乃齐戒[5]以言之，跪坐以进之，鼓歌以儛[6]之，吾若是何哉？

故君子不得已而临莅天下，莫若无为。无为也而后安其性命之情。故贵以身于[7]为天下，则可以托天下；爱以身于为天下，则可以寄天下。故君子苟能无解[8]其五藏，无擢[9]其聪明，尸居而龙见，渊默而雷声，神动而天随，从容无为而万物炊累[10]焉。吾又何暇治天下哉！

——《庄子·在宥》

【注释】

［1］说：通“悦”，下同。

［2］相：帮助，助长。

［3］脔卷：局促束缚的样子。

［4］獊囊：犹抢攘，多事的样子。

［5］齐：通“斋”。齐戒，即斋戒。

［6］儛：舞的异体字。

［7］于：与下文“于”一样，为衍文。

［8］解：解放，放纵。

［9］擢：炫耀。

［10］炊累：炊烟积累而上升，形容自然而然的变化过程。

【译文】

至于喜欢明目的，是迷乱于色彩；喜欢耳聪的，是浸淫于声音；喜欢仁的，是悖乱于德；喜欢义的，是违背于理；喜欢礼的，是助长于技艺；喜欢乐的，是助长于淫声；喜欢圣的，是助长了艺能；喜欢智的，是助长了吹毛求疵。天下人如果能各安其性命之情，这八种情况存在或不存在都没有什么问题。天下人如果不能各安其性命之情，这八种情况就会使人纠结劳攘而惑乱天下，而天下人却更加重视、珍惜它们。过分了呀，天下人的迷惑！并非只是遇到它们就算了，而是要斋戒去谈论，毕恭毕敬去授受，载歌载舞去欢迎，像这个样子又能怎么办呢？

所以君子万不得已而君临天下，没有比无为更好的了。无为才能使天下人各安其性命之情。所以说珍爱自己的身体来面对天下，这样的人才可以托付天下；爱惜自己的身体来面对天下，这样的人才可以寄托天下。所以君子如果能不过分消耗他的身体，炫耀他的聪明，平常则寂寂如尸体，有所行动则如龙，平常则默默而不可测，有所言语则如雷声大作，精神有所动，则上天也会随顺，在从容无为中，万物如炊烟积累自然而然生长繁衍。我又哪里有什么闲暇去治理天下呢！

【点评】

如果说《马蹄》一篇对于儒家所强调的仁义礼乐提出一种批判的态度，那么，在《在宥》一篇中，则与此相对给出一种建设性意见。

我们知道，儒家倡导的仁义礼乐是治理天下的重要途径，《在宥》就是谈论治理天下的。有意思的是，对于“治天下”这一提法本身，文中就开宗明义提出了反对：“闻在宥天下，不闻治天下也。”“在”是悠游自在的意思，“宥”是宽容、包容的意思。所谓“在宥天下”，究其实即我们在文中看到的道家无为而治的政治理想。

道家无为而治的政治理想究竟是怎样达成的，我们这里不去深究，“在宥”所强调的宽容、包容的确是政治治理的重要品德，“各安其性命之情”，也是政治治理所值得期许的理想状态。道家如此，重视礼乐之治的儒家也莫不如此，这再次体现了儒道同源之处。

即以无为而论，孔子一样赞叹于无为而治，他所强调的德政、德治，本身即是无为而治的。以礼乐之治而论，《礼记·王制》也说：“修其教不易其俗，齐其政不易其宜。”礼乐之治并非要强制改变不同群体人们的风俗习惯，而是礼乐政教即寓于人们各自具有的风俗习惯之中。所以奉行儒家政治治理原则的中华大地，虽有共同的价值观念、价值取向，但其存在形态依旧是五里不同俗的。与“各安其性命之情”相对应的，则为《周易》所言“各正性命”。礼乐政教从来不是为了消弭各个个体、各个群体乃至天地万物之间的差异，而是在差异中充分体现、充分发挥各自的正面价值，如此才能达成“保合太和”的理想状态。

不过，儒家与道家对于“无为”的内容的理解，有所不同，而“各正性命”与“各安性命”，“正”与“安”之间如字面所体现的，价值取向也并不相同，这一点毋庸讳言。

【原文】

缮[1]性于俗俗[2]学，以求复其初，滑[3]欲于俗思，以求致其明，谓之蔽蒙之民。古之治道者，以恬[4]养知。知生而无以知为也，谓之以知养恬。知与恬交相养，而和理出其性。夫德，和也；道，理也。德无不容，仁也；道无不理，义也；义明而物亲，忠也；中纯实而反乎情，乐也；信行容体而顺乎文，礼也。礼乐偏行，则天下乱矣。彼正而蒙[5]己德，德则不冒[6]，冒则物必失其性也。

古之人在混芒之中，与一世而得淡漠焉。当是时也，阴阳和静，鬼神不扰，四时得节，万物不伤，群生不夭，人虽有知，无所用之，此之谓至一。当是时也，莫之为而常自然。逮德下衰，及燧人、伏羲始为天下，是故顺而不一。德又下衰，及神农、黄帝始为天下，是故安而不顺。德又下衰，及唐、虞始为天下，兴治化之流，浇[7]淳散朴，离道以善，险德以行，然后去性而从于心。心与心识知，而不足以定天下，然后附之以文，益之以博。文灭质，博溺心，然后民始惑乱，无以反其性情而复其初。

——《庄子·缮性》

【注释】

［1］缮：修缮，修治。

［2］俗俗：这两个“俗”字有一字当为衍文。

［3］滑：乱。

［4］恬：恬淡，恬静。

［5］蒙：隐藏。

［6］冒：显露，炫耀。

［7］浇：薄。

【译文】

修治人的本性于俗学，以追求回复人性之本，欲望困扰纷乱于世俗的思虑中，仍希望达到明察，这样的人叫做被蒙蔽的人。古时候修道的人，用恬静来养成他的智慧。他的智慧知道人的生命是怎么回事儿，但并不认为这种智慧有什么了不起的，这叫做用智慧保养恬静。智慧与恬静互相成就，就能以和、以理来表现他的本性。有德，才可以叫做和；有道，才能够称作理。德无所不包、无所不容，叫做仁；道无所不理，叫做义。道义显露万物才能与之亲近，这叫做忠；心中纯朴诚实表现在情感上，这就是乐；真正体现在人的容貌形体上而且顺应于自然而然的节文，这就是礼。礼乐的推行有失偏颇，就会天下大乱。古时候的人自身端正而韬晦其德，他的德不会那么炫耀于人，炫耀于人就会使万物迷失它们的本性。

古时候的人生活在混沌茫昧之中，相处一辈子仍能够彼此淡漠相待，互不相干。在那时候，阴阳祥和宁静，鬼神不来搅扰，春夏秋冬四季有序更替，万物不被伤害，众生不会夭亡。人们虽然有智慧，却无处可用，这就叫至一。在那时候，人们无所作为而经常顺应自然。等到世道逐渐衰落，到燧人、伏羲开始治理天下，他们能做到顺应却做不到一。世道再度衰落，到神农、黄帝开始治理天下，他们能够做到安静却做不到顺应。世道继续衰落，到唐尧、虞舜开始治理天下，大张其事兴起治化之流，淳朴消散，背离于道而表彰所谓善，不本于常德而冒险以行事，这时候就抛弃了人的本性而追随于人的心智。人的心智各自得到开发，却不足以安定天下，此后不得不用礼的繁文缛节加以制约，并更进一步以博学开发人的心智。礼的繁文缛节最终淹没了人的本质，博学最终使人心陷溺而无法自拔，这以后人们开始感到困惑纷扰，没有办法回归他们本来的性情而找到他们原初存在的样子。

【点评】

本文有一段话，正面提到了儒家所推许的仁义礼乐的价值："夫德，和也；道，理也。德无不容，仁也；道无不理，义也；义明而物亲，忠也；中纯实而反乎情，乐也；信行容体而顺乎文，礼也。礼乐偏行，则天下乱矣。"因此，有的人怀疑这段话并非《缮性》原文所有，而是后人编辑时掺入的，实则大可不必。

我们看到，这段话所肯定的仁义礼乐的价值，其内涵并不一定与儒家相同。他所肯认的是基于人的本性之道德，而自然而然生发的仁义礼乐的价值。仁义，是不失纯朴本性所具有的道德的人，与他人或万物发生关系时自然而然的表现，无不包容，使人使物容易亲近。音乐，则是内心不失淳朴的人的情感的自然表达，而非无病呻吟。礼，本性的道德体现在容貌形体上，待人接物、动作举止也自然而然会有所体现。这一切，都是以道家所推崇的道德为根基，顺适而来的。

所以在下文的一段历史叙事中，描绘了一个世道日渐衰落的进程，而到了儒家所推崇的尧舜时期，被批评为"附之以文，益之以博。文灭质，博溺心"。道家和儒家一样，反对"文灭质"，但如我们前面所言，对于"质"是什么，道家和儒家的理解的确不同。

【原文】

夫子曰 :“夫道，于大不终[1]，于小不遗，故万物备。广广乎其无不容也，渊[2]乎其不可测也。形德[3]仁义，神之末也，非至人孰能定之！夫至人有世[4]，不亦大乎，而不足以为之累。天下奋棅[5]而不与之偕，审乎无假而不与利迁[6]，极物之真，能守其本。故外天地，遗万物，而神未尝有所困也。通乎道，合乎德，退仁义，宾礼乐，至人之心有所定矣！”

——《庄子·天道》

【注释】

[1] 终：终结，完结。

[2] 渊：深的样子。

[3] 形：通“刑”。形德，即赏罚。

[4] 世：天下。

[5] 棅：通“柄”，指权柄。奋棅，争夺权柄。

[6] 审乎无假而不与利迁 :《德充符》也有这句话，作“审乎无假而不与物迁”。假，假借，凭借。

【译文】

先生说 :“那道，对于大的事物不去终结，对于小的事物不会遗漏，所以道在万物中皆得以完备。广大的样子无不包容，深深的样子不可测度。赏罚仁义，精神的末节，不是至人的话谁能搞定它们啊！那至人拥有天下，不也是很大了吗，但并不足以被拖累。天下人都奋起而争夺权柄，至人不会像他们那样，至人能处于无所待的境界，而不因外物有所变迁，能穷尽事物的真实，能守住自身的根本。所以至人能置身天地之外，能忘却万事万物，精神不曾被它们所困扰。与道相通，与德相合，退黜仁义，以礼乐为宾，至人之心有所安定了！”

【点评】

《天道》一篇讲述的是帝王之道，治理天下国家之道，究其实质，仍是老子无为而治的原则。就像这里与道相通、与德相合拥有天下的至人，不对天下万事万物乃至于人，作什么干预，因任其自我生长、自主发育，至人看起来就像置身天地万物之外，超然特立独行的样子，所以他自己永远不会被困扰，被拖累。至于儒家治理天下所强调的仁义礼乐，至人则“退仁义，宾礼乐”，“退”与“宾”，并不是完全否定、完全抛弃的意思，只是让它们退而居于次要的位置，以其为宾而不为主，为末而不为本。而儒家以仁义礼乐治国，在道家看来大抵是舍本逐末，喧宾夺主了。

【原文】

孔子西游于卫，颜渊问师金曰：“以夫子之行为奚如？”

师金曰：“惜乎！而夫子其穷[1]哉！”

颜渊曰：“何也？”

师金曰：“夫刍狗[2]之未陈也，盛以箧衍[3]，巾[4]以文绣，尸祝[5]齐戒以将[6]之。及其已陈也，行者践其首脊，苏者[7]取而爨[8]之而已。将复取而盛以箧衍，巾以文绣，游居寝卧其下，彼不得梦[9]，必且数眯[10]焉。今而夫子亦取先王已陈刍狗，聚弟子游居寝卧其下。故伐树于宋，削迹于卫，穷于商周，是非其梦邪？围于陈蔡之间，七日不火食，死生相与邻，是非其眯邪？夫水行莫如用舟，而陆行莫如用车。以舟之可行于水也，而求推之于陆，则没世[11]不行寻常[12]。古今非水陆与？周鲁非舟车与？今蕲[13]行周于鲁，是犹推舟于陆也，劳而无功，身必有殃。彼未知夫无方之传，应物而不穷者也。且子独不见夫桔槔[14]者乎？引之则俯，舍之则仰。彼，人之所引，非引人也，故俯仰而不得罪于人。故夫三皇五帝之礼义法度，不矜[15]于同而矜于治。故譬三皇五帝之礼义法度，其犹柤[16]梨橘柚邪！其味相反而皆可于口。故礼义法度者，应时而变者也。今取猨狙而衣以周公之服，彼必龁啮[17]挽裂，尽去而后慊[18]。观古今之异，犹猨狙之异乎周公也。故西施病心而矉[19]其里，其里之丑人见之而美之，归亦捧心而矉其里。其里之富人见之，坚闭门而不出；贫人见之，挈妻子而去之走。彼知矉美，而不知矉之所以美。惜乎，而夫子其穷哉！”

——《庄子·天运》

【注释】

[1] 穷：穷困，困难。

[2] 刍狗：用草扎成的狗，用于祭祀。

[3] 箧（qiè）衍：竹箧，竹箱子。

[4] 巾：作动词用，覆盖。

[5] 尸祝：祭祀时的主祭人。

[6] 将：送。

[7] 苏者：砍柴的人。

[8] 爨（cuàn）：烧火煮饭。

[9] 梦：恶梦。

[10] 眯：迷惑，困扰。

[11] 没世：终生，一辈子。

[12] 寻常：均为古代计量单位，寻为八尺，常为一丈六尺，指短距离。

[13] 蕲：期望。

[14] 桔槔（jié gāo）：取水的工具，以杠杆原理设计。

[15] 矜：尚，追求。

[16] 柤：楂的异体字，山楂。

[17] 龁啮（hé niè）：二字都是咬的意思。

[18] 慊（qiè）：满足。

[19] 矉：通"颦"，皱眉头。

【译文】

孔子向西而行到了卫国，弟子颜渊问师金："您觉得我老师的所作所为会怎么样？"

师金说："可惜啊，你老师将陷入困境！"

渊源问："怎么讲？"

师金说："祭祀用的草扎的狗还没有陈列的时候，用竹箱子盛好，用漂亮的织物盖好，主祭人斋戒来送它。等到已经陈列完了，走路的人会践踏它的头和背脊，砍柴的人把它捡去煮饭。如果有人还要把它再拿来用竹箱子盛好，用漂亮的织物盖好，在它下面起居寝卧，他即便不会做恶梦，也必然经常被困扰。如今你的老师也不过拾取先王已经陈列过的草扎的狗，聚集弟子们在下面起居寝卧。所以在宋国、卫国和商周均遭遇困境，这不是他的恶梦吗？被围困在陈蔡之间，七天吃不到熟食，与死亡擦肩而过，这不是他所遭遇的困扰吗？在水中行驶莫过于驾船，在地上行驶莫过于驾车。如果因为船能在水中行驶，就想着把它推行在陆地上，那至死也走不了多远。古与今难道不就是水和陆吗？周和鲁不就是船和车吗？如今期望推行周礼于鲁国，这就像把船推行于陆地一样，不但劳而无功，而且必将给自身带来灾祸。你的老师不知道不执着于一定之规，才能顺应万物的变化而不会穷尽这样的道理。况且你难道没见过那桔槔吗？牵引它就会下去，松开它就会起来。它是被人所牵引，而不是去牵引人，所以它无论下去还是起来都不会得罪人。所以那三皇五帝的礼义法度，不追求相同而是追求于达成治天下的目的。所以三皇五帝的礼义法度，就像是山楂、梨、橘子和柚子这些水果，味道各不相同但都很可口。所以说礼义法度，是顺应时势而有所变化的。如今你给猿猴穿上周公的衣服，它一定会去用牙咬，用手撕扯，一定要摆脱它才会满足。古今的不同，就像猿猴和周公的不同一样。所以美女西施因为心口疼在乡里皱着眉头，她邻乡的丑女看到了觉得很美，回去后也在乡里皱眉头。丑女乡里的富人看到她这样，牢牢地关上大门不肯出去；她乡里的穷人看到她这样，带着他的妻子儿女离开她远远的。丑女只知道西施皱眉头美，却不知道她皱眉头为什么会显得美。可惜啊，你老师将陷入困境！”

【点评】

这又是一则寓言故事，师金是鲁国太师，金是他的名。寓言中借师金之口，对于孔子欲推行古代的礼义法度于当时作出否定的评价，认为必然行不通。

诚然，孔子的礼有保守的一面，不过孔子也关注于礼因时势的变化，有所“损益”的问题。夏、商、周三代之礼既有因循的一面，也有损益的一面。当然，既然说是“损益”，礼并不追求一种革命性的变革，而是在既有基础上，去做加减法。抛开礼的既有基础，开创性的制礼作乐，是无知的诞妄。

这则寓言中，除了注意礼义法度的古今之异，同时也强调了其地域性、族群性的差异，所谓“行周于鲁”，适合于周地方的，不一定适合于鲁地。前面我们讲到过，如“修其教不易其俗，齐其政不易其宜”所体现的，儒家的礼也是强调因地制宜的，并不追求一种整齐划一，在差异中达成化民成俗的目的。不过，俗与宜虽有地域性、族群性的差异，但俗与宜所蕴含的价值取向应该是趋同的、相似的，如此才能“修其教”“齐其政”。

在这则寓言中，借师金之口也给出了道家对相关问题的正面结论，即可以“应物无穷”的“无方之传”。“无方”，就是没有特定的方法，特定的规则，而因任礼俗在不同时代、不同地域与不同族群的自然、自发生成，而完全不做干预。这体现了儒道的不同。

四、天籁与天乐

【原文】

南郭子綦隐[1]机[2]而坐，仰天而嘘，荅焉[3]似丧其耦[4]。

颜成子游立侍乎前，曰："何居[5]乎？形固可使如槁木，而心固可使如死灰乎？今之隐机者，非昔之隐机者也？"

子綦曰："偃，不亦善乎，而[6]问之也！今者吾丧我，汝知之乎？汝闻人籁[7]而未闻地籁，汝闻地籁而未闻天籁夫！"

子游曰："敢问其方？"

子綦曰："夫大块[8]噫气[9]，其名为风。是唯无作，作则万窍怒呺[10]，而独不闻之翏翏[11]乎？山林之畏佳[12]，大木百围之窍穴，似鼻，似口，似耳，似枅[13]，似圈，似臼，似洼[14]者，似污[15]者，激[16]者，謞[17]者，叱者，吸者，叫者，譹[18]者，宎[19]者，咬[20]者，前者唱于[21]而随者唱喁，泠风[22]则小和，飘风[23]则大和。厉风[24]济[25]则众窍为虚，而独不见之调调之刁刁[26]乎？"

子游曰："地籁则众窍是已，人籁则比竹[27]是已，敢问天籁？"

子綦曰："夫吹万不同，而使其自己也，咸其自取，怒[28]者其谁邪？"

——《庄子·齐物论》

【注释】

［1］隐：靠着。

［2］机：通“几”，几案。

［3］荅焉：茫然、漠然的样子。

［4］耦：通“偶”，匹配，匹敌的意思，如物与我、人与我相为匹配。

［5］何居：何故，为什么。

［6］而：你。

［7］籁：从竹子等的洞孔发出的声音。

［8］大块：大地。

［9］噫气：出气，吹气。

［10］呺：通“号”。

［11］翏翏（liù liù）：长风声。

［12］畏佳：通“崼崔”，高低起伏的样子。

［13］枅（jī）：柱子上的方木。

［14］洼：深的池子。

［15］污：浅的池子。以上是形容各种孔窍的形状。

［16］激：水流激荡声。以下是风吹孔窍发出的各种声音。

［17］謞（xiào）：箭激射而去的声音。

［18］譹：通“嚎”，嚎叫声。

［19］宎（yǎo）：风吹入深谷发出的声音。

［20］咬：悲切的声音。

［21］于：通“吁”。

［22］泠风：小风。

［23］飘风：大风。

［24］厉风：烈风。

［25］济：停止。

［26］调调、刁刁：动摇的样子。调调，树枝大动。刁刁，树叶微动。

［27］比：并列。比竹，排箫。

［28］怒：通“努”，主宰、操控的意思。

【译文】

南郭子綦靠着几案坐着，仰天吐气，漠漠然的样子好像忘记了物我的对立。

他的学生站着侍奉在老师的前面，问道：“什么原因啊！形体本来可以让它像枯木一样，难道心也可以让它像死灰那样吗？今日凭几的人不是过去凭几的人了吗？”

子綦说：“偃，你问这样的问题问得好呀！如今的我已经忘记了我，你知道吗？你听说过人籁，没听说过地籁吧？你听说过地籁，没有听说过天籁吧！”

子游说：“敢问您是怎么回事儿？”

子綦说：“大地吹气，它的名字叫作风。风不发动也就罢了，一旦发动那么众多的孔窍就会跟着怒号，难道你听不到那长风翏翏的声音吗？山中林木高低起伏，百围大树的孔洞，有的像鼻子，有的像嘴巴，有的像耳朵，有的像柱子上的方孔，有的像杯圈，有的像舂米的臼，有的像深池，有的像浅池，有的发出水流激荡的声音，有的发出离弦之箭的声音，有的发出叱责声，有的发出吸气声，有的发出喊叫声，有的发出哀嚎声，有的发出风入深谷的声音，有的发出悲切的声音。前面发出吁吁声，后面就跟着发出喁喁声与之相唱和。小风则发出小的和声，大风则发出大的和声。烈风停息，就会万籁俱寂，你难道看不到树枝树叶还在摇动吗？”

子游说：“地籁是风吹孔窍发出的声音，人籁是像排箫的乐器发出的声音，敢问您什么是天籁呢？”

子綦说：“那风吹万种孔窍发出不同的声音，之所以会让它们自身发出那样的声音，都是因为它们自身形状导致的，操控它们那样的还能有谁呀！”

【点评】

这是《齐物论》开篇的一段寓言，我们今天用天籁之音形容好的音乐，典故即出自这里。

寓言中提到了人籁、地籁与天籁三种不同的音乐。人籁，就是我们用笛子或箫等乐器演奏的音乐。地籁，则是大地上风起时，吹动各种孔穴而引发的浩大的协奏曲、交响乐。天籁呢，实则别无所指，就是对于地籁运行原理的解释。地籁的协奏曲、交响乐，并没有什么在主宰操控着大小形状各异的众多孔窍，只是它们各自因任自身的材质形状而发出自己的声音，最终有了这样美好的和鸣声。

这实则是一个譬喻，用以引出庄子的“齐物”观念。“齐物”并非追求万物的整齐划一，而是充分肯定万物自身的差异性，以及这种差异的合理性，万物各自顺应、因任自己的本性生长发育。如果说真有什么主宰者或造物主的话，它也不过是使事物因任其自有性状自由、自然生长罢了。用风这样一个似有若无的东西譬喻主宰者，主要是因为这样的缘由。

不过这个譬喻本身，也对我们传统的音乐美学乃至美学领域形成了深远的影响，即追求一种自然的、空灵的、留有余地的美。天籁之音，也同样是今天人们所应该追求的美好的音乐。

【原文】

北门成问于黄帝曰："帝张《咸池》[1]之乐于洞庭之野[2]，吾始闻之惧，复闻之怠，卒闻之而惑，荡荡默默[3]，乃不自得。"

帝曰："汝殆其然哉！吾奏之以人，征之以天，行之以礼义，建之以太清[4]。四时迭[5]起，万物循生，一盛一衰，文武伦经[6]。一清一浊，阴阳调和，流光其声。蛰虫始作，吾惊之以雷霆。其卒无尾，其始无首。一死一生，一偾[7]一起，所常无穷，而一不可待，汝故惧也。

"吾又奏之以阴阳之和，烛[8]之以日月之明。其声能短能长，能柔能刚，变化齐一，不主故常。在谷满谷，在阬[9]满阬。涂郤[10]守神，以物为量。其声挥绰[11]，其名[12]高明。是故鬼神守其幽，日月星辰行其纪。吾止之于有穷，流之于无止。子欲虑之而不能知也，望之而不能见也，逐之而不能及也，傥然立于四虚之道，倚于槁梧而吟。目知穷乎所欲见，力屈乎所欲逐，吾既不及已夫！形充空虚，乃至委蛇[13]。汝委蛇，故怠。

"吾又奏之以无怠之声，调之以自然之命，故若混逐丛生[14]。林乐[15]而无形，布挥而不曳[16]。幽昏而无声，动于无方，居于窈冥[17]。或谓之死，或谓之生，或谓之实[18]，或谓之荣[19]，行流散徙，不主常声。世疑之，稽[20]于圣人。圣也者，达于情而遂于命也，天机不张而五官皆备。此之谓天乐，无言而心说[21]。故有焱氏[22]为之颂曰：'听之不闻其声，视之不见其形，充满天地，苞裹六极[23]。'汝欲听之而无接焉，而故惑也。

"乐也者，始于惧，惧故祟[24]。吾又次之以怠，怠故遁[25]。卒之于惑，惑故愚，愚故道，道可载而与之俱也。”

——《庄子·天运》

【注释】

[1]《咸池》：乐章名。

[2]洞庭之野：广漠之野。这里“洞庭”不是指洞庭湖。

[3]荡荡默默：荡，动荡，摇荡。默，沉默。指听音乐时一会儿被打动，一会儿又陷入沉默。

[4]太清：至清，形容天道。

[5]迭：交替。

[6]文武伦经：文，万物的生长。武，万物的肃杀。伦经，即经伦，这里指次序。

[7]偾（fèn）：仆倒。

[8]烛：照，照亮。

[9]阬：同“坑”。

[10]涂郤：涂，堵塞，闭塞。郤，同“隙”，这里指人的耳目口鼻七窍。

[11]挥绰：挥洒自如，有余裕。

[12]名：这里指节奏。

[13]委蛇（wēi yí）：随顺事物而变化。

[14]混逐丛生：混，混然无别。逐，随着。混逐丛生，就像前面《齐物论》所言地籁，风混然无择，随顺树丛的孔窍而发声。

[15]林乐：众乐齐奏。

[16]布挥而不曳：曳，牵引。指音乐布散发挥自如而无所牵制。

[17]窈冥：幽深，深奥。

[18]实：笃实，厚实。

［19］荣：荣华，浮华。

［20］稽：核实。

［21］说：通“悦”。

［22］有焱氏：即神农。

［23］六极：即六合，上下四方。

［24］祟：作祟，作怪。

［25］遁：逃遁，逃避。

【译文】

北门成问黄帝：“您在广漠之野铺陈《咸池》乐章，我开始听到它时感觉惧怕，再听下去感到懈怠，最后听着感觉迷惑，忽而被打动，忽而陷入沉默，我自己搞不清楚是怎么回事儿。”

黄帝说：“你应该会这样吧！我演奏《咸池》虽然依靠的是人，却验证于天，虽然以礼义来运行，却依据天道来建立。春夏秋冬交替而起，万物遵循着四季的时序生长发育，一时强盛，一时衰落，一时生长，一时肃杀，不失其序。我演奏的乐章也时清时浊，阴阳得以调和，声音如同流光。蛰伏的小虫将要觉醒的时候，我用雷霆之声进一步惊醒它。乐声终了却不见它的结尾，乐声开始却不知道始于何处。一时如生，一时如死，一时仆倒，一时起来，乐章的常态始终处于无穷的变化中，而一致的旋律无法期待，你所以会感到害怕。

“我接着又演奏以阴阳之和，并用日月的明光加以照亮。乐声能短也能长，能柔也能刚，变化看似整齐划一，实则并不拘泥于常态。乐声至深谷就充满山谷，至小坑就充塞小坑。我的感官完全闭塞，凝然守护着自己的精神，而顺应于万物。乐声因此自由挥洒而有余裕，节奏明朗。所以鬼神安守于本来的幽隐中，日月星辰也按其固有的轨道运行。我演奏的乐章虽停止于可以穷尽的地方，乐声流布却永无止境。这时候你想要有所思考却想不明白，想要看看却什么也看不见，想要追随却没有力量，茫然矗立于四面敞开的道路，靠着枯树吟唱。目力与智慧穷尽于想看到的，力量耗尽于想追逐的，想要追上我却无法追上。形体充满，内心空虚，乃至顺应于物。你顺应于物，所以感到懈怠。

“我接着又演奏以无懈怠之声，顺应自然的节律加以调和，所以就像风一样混然无择，随顺外物而发声。忽而众乐齐奏，无迹可寻，布散挥发，无所牵制。忽而幽暗昏黑，了无声响，发动而无方向可觅，居于幽深之中。或以之为死，或以之为生，或以之为笃实，或以之为浮华，流转变迁，没有固定的声音。世人感到疑惑，核实于圣人。圣人呢，通达于人情而随顺于天命，不张扬其天机而像人一样五官都具备。这就叫天乐，无所言说却使人心愉悦。所以神农如此称颂它：‘听却听不到它的声音，看也看不见它的形体，充满于天地，包裹着六合。’你想要听却无从听到，所以会感到迷惑。

“这乐章，开始于惊惧，惊惧所以让人以为有什么东西在作怪。我接着又以懈怠之声继续，懈怠所以使人想要逃避。以困惑之声终结它，困惑所以让人懵然若愚，愚所以能近于道，道才可能承载他而同去。”

【点评】

这段话是黄帝与北门成关于《咸池》乐章的探讨，最终而引出“天乐”的问题。所谓“天乐”，与“天籁”一样，自身并不期望于发出特定的声音，拘泥于特定的旋律，顺应于物而流转变迁。究其实质，也是借“天乐”而隐喻“天道”，与孔子所言“天何言哉，四时行焉，百物生焉，天何言哉”，有相类处。

至于乐章给听者带来的情感体验，无论是惧、怠还是惑，乃至于最后黄帝所说的愚，在常人看来，无疑是负面的、消极的，文中却以为如此方能近于“道”。实则是借助于此负面的、消极的情感、知觉，打破人们固有的成心、成见，只有这样，才有可能体道、悟道。

至于其中涉及到的音乐美学的问题，那么好的容易打动人的音乐，或许总是超出常情之外的。当然，它也不是故作惊人的，看似流转变迁，不拘常格，但有取于自然的丰富变化。

【原文】

是故骈[1]于明者，乱五色[2]，淫文章，青黄黼黻之煌煌非乎？而离朱[3]是已。多于聪者，乱五声[4]，淫六律[5]，金、石、丝、竹、黄钟、大吕[6]之声非乎？而师旷[7]是已。枝[8]于仁者，擢[9]德塞性，以收名声，使天下簧鼓以奉不及之法非乎？而曾史[10]是已。骈于辩者，累瓦结绳，窜句棰辞[11]，游心于坚白同异之间，而敝跬誉[12]无用之言非乎？而杨墨[13]是已。故此皆多骈旁枝之道，非天下之至正也。

——《庄子·骈拇》

【注释】

[1] 骈：相连相并，这里借指过度。

[2] 五色：青黄赤白黑。

[3] 离朱：传说视力极佳的人。

[4] 五声：宫商角徵羽。

[5] 六律：古乐中的六个谐音，包括黄钟、大吕、姑洗、蕤宾、无射、夹钟。

[6] 金、石、丝、竹、黄钟、大吕：古乐中的音调。

[7] 师旷：晋国乐师，精于音律。

［8］枝：横生枝节。

［9］擢：高举，标榜。

［10］曾史：指曾参和史鳝。曾参，孔子弟子。史鳝，卫灵公臣子。

［11］纍瓦结绳，窜句棰辞：这两句可连读，意思是像垒瓦结绳一样，锤炼言辞。

［12］跬誉：一时的声誉。

［13］杨墨：指杨朱和墨翟。

【译文】

所以过度追求于目明的，惑乱五色，浸淫于色彩，追求青黄黼黻的炫彩夺目不就这样吗？离朱就是这样的人。过度追求于耳聪的，惑乱五声，浸淫于六律，追求金石丝竹黄钟大吕的音调不就是这样吗？师旷就是这样的人。横生枝节提倡仁爱的，标榜于德性而闭塞人的本性，用来博取名声，让天下人纷纷攘攘以奉行那不可企及的榜样不就是这样吗？曾参、史鳝就是这样的人。过于好辩的，像垒瓦结绳一样锤炼自己的言辞，用心于坚白同异的诡辩，疲敝于获得一时的好评实则无用的言论不就是这样吗？杨朱、墨翟就是这样的人。像这些都是画蛇添足、横生枝节的旁门左道，而并非天下的至正之道。

【点评】

“多于聪者，乱五声，淫六律，金、石、丝、竹、黄钟、大吕之声非乎”，这句话与老子的“五音令人耳聋”“大音希声”相类似，体现于音乐美学上，则为追求空灵、留有余地的音乐。

《列子》

《列子》概论

一、《列子》成书

《列子》，又称《冲虚真经》。《列子》一书，流传复杂，争议很大。《汉书·艺文志》著录有《列子》八篇，但似乎罕流行于世。至东晋张湛，获取此书，整理并作注，此书方为世人所熟知，也就是我们今天能见到的《列子》一书，共八篇，包括《天瑞》《黄帝》《周穆王》《仲尼》《汤问》《力命》与《杨朱》。一般认为，张湛整理并作注的《列子》，并非《汉书·艺文志》所著录的《列子》原书，甚至有人怀疑他为张湛作伪而成。列子本名列御寇，战国早期郑国人，曾师从于关尹，大致为老子、庄子之间道家一脉的人物。在《庄子》寓言中，提到列子较多，但综论各家各派学术的《天下》篇并未论及列子。至于现存《列子》一书，究竟和列子有多大关系，我们无从判断了，以现存八篇而言，思想略驳杂，显然非出自一人之手。历代注释《列子》者，远不及《老子》

与《庄子》多。比较有代表性的有，东晋张湛《列子注》，唐卢重玄《冲虚经解》。后者见于《道藏》所收高守元集《冲虚至德真经四解》中，清人秦恩复重新整理校勘并作补注。

二、《列子》特色

现存《列子》一书，各篇文体形式与《庄子》相类，各篇之中，寓言同样占很大篇幅。总体而言，思想具有道家特色，提倡以虚为贵，崇尚无为自然之道。就礼乐而论，视儒家所倡导的礼乐，无补于天下的治与乱，相对于此，提倡一种非功利主义的生活态度。引起较大争议的，则为《杨朱》一篇所提倡的享乐主义与纵欲主义，有人认为其中思想并不合于杨朱，反而更接近于魏晋思潮。这也是怀疑该书为伪作的一条重要论据。

《列子》选编

一、诗书礼乐无救于治乱

【原文】

仲尼闲居，子贡入侍，而有忧色。子贡不敢问，出告颜回。颜回援琴而歌。

孔子闻之，果召回入，问曰："若奚独乐？"

回曰："夫子奚独忧？"

孔子曰："先言尔志。"

曰："吾昔闻之夫子曰：'乐天知命故不忧。'回所以乐也。"

孔子愀然有间曰："有是言哉？汝之意失矣。此吾昔日之言尔，请以今言为正也。汝徒知乐天知命之无忧，未知乐天知命有忧之大也，今告若其实。修一身，任穷达，知去来之非我，亡[1]变乱于心虑，尔之所谓乐天知命之无忧也。曩吾修《诗》《书》，正礼乐，将以治天下，遗来世，非但修一身、治鲁国而已。而鲁之君臣日失其序，仁义益衰，情性益薄，此道不行一国与当年，其如天下与来世矣？吾始知《诗》、《书》、礼乐无救于治乱，而未知所以革之之方，此乐天知命者之所忧。虽然，吾得之矣。夫乐而知者，非古人之所谓乐知也。无乐无知，是真乐真知。故无所不乐，无所不知，无所不忧，无所不为。《诗》、《书》、礼乐，何弃之有？革之何为？”

颜回北面拜手曰：“回亦得之矣。”

出告子贡，子贡茫然自失。归家，淫思七日，不寝不食，以至骨立。颜回重往喻之，乃反丘门，弦歌诵书，终身不辍。

——《列子·仲尼》

【注释】

[1] 亡：通“无”。

【译文】

孔子闲居，弟子子贡进来侍奉，孔子面有忧色。子贡不敢问为什么，出来告诉了颜回。颜回拿起琴开始唱歌。

孔子听到了，果然召颜回进来，问道：“你为什么独自快乐？”

颜回反问：“老师您为什么独自忧虑？”

孔子说:“先说说你的志向吧。”

颜回说:“我过去曾听老师您说:‘乐天知命所以不会忧虑。’这就是颜回快乐的原因。”

孔子变色，过了一会儿说:“有这样的话吗?你会错意了。这是我以前的话，请以我现在说的话为准。你只知道乐天知命能达到无所忧虑，不知道乐天知命更让人忧虑呢，今天就告诉你它的真实情况。从前我整理《诗》《书》，订正礼乐，是想用来治理天下，流传来世的，不是仅仅为了修养一人之身，仅仅治理鲁国一国而已。但鲁国的君臣日益失去伦序，仁义之风日益衰败，人的情性也日渐浇薄。此道在一个国家在一时都不能行得通，怎么能够传之天下万世呢?我才知道了《诗》、《书》、礼乐是无补于治乱的，却不知道能够改变这种状况的方法，这就是乐天知命为什么反而让人忧虑。虽然如此，我也是有所得的。因快乐而去求知，不是古人所说的乐知。无乐无知，才是真乐真知。只有这样，才能无所不乐，无所不知，无所不忧，无所不为。既然如此，《诗》、《书》、礼乐又何必抛弃，那种情况又何必去改变?”

颜回对着老师的方向拜手说:“颜回也理解了您的意思。”

颜回出来告诉了子贡，子贡茫茫然很失落。子贡回到家里，拼命思考了七天，不睡觉也不吃饭，瘦的只剩皮包骨。颜回又去他家晓谕子贡，子贡才重新回到孔子门下，弹琴唱歌诵书，终身不曾停止。

【点评】

在这篇寓言中，借孔子之口说出，《诗》、《书》、礼乐不足以改变当时鲁国一国的日益衰败的情况，何况天下万世?也不足以达成孔子曾经期许的“乐天知命故不忧”，并进一步提出“无乐无知”才是“真乐真知”。

这也是道家常有的观点，不过其中耐人寻味的是，孔子一方面指出《诗》、《书》、礼乐不足以治天下，主张无乐无知，但对于《诗》、《书》、礼乐，仍提出不必抛弃、不必变革的结论。子贡听到颜回转述老师的话后，茫然自失，经颜回劝导，重回孔子门下，依旧“弦歌诵书，终身不辍”，为什么这样呢？

这是一种非功利主义的态度。从前孔子致力于《诗》、《书》、礼乐，是希望达到治理天下万世的功效，所以会有忧虑。提出无乐无知后，仍不放弃《诗》、《书》、礼乐，弦歌诵书，则是一种无功利的行为，并不为了达到什么目的刻意去做，所谓“无所为而为”，所谓“明其道不计其功”。不仅仅是礼乐，人确实往往需要这种无功利的态度去做很多该做的事情。

二、礼义与享乐主义

【原文】

子产[1]相郑，专国之政三年，善者服其化，恶者畏其禁，郑国以治，诸侯惮之。而有兄曰公孙朝，有弟曰公孙穆，朝好酒，穆好色。朝之室也聚酒千钟[2]，积麹[3]成封[4]，望门百步，糟浆之气逆[5]于人鼻。方其荒于酒也，不知世道之安危，人理之悔吝，室内之有亡[6]，九族之亲疏，存亡之哀乐也。虽水火兵刃交于前，弗知也。穆之后庭比[7]房数十，皆择稚齿[8]婑媠[9]者以盈之。方其耽[10]于色也，屏亲昵，绝交游，逃于后庭，以昼足夜，三月一出，意犹未惬[11]。乡有处子之娥姣[12]者，必贿而招之，媒而挑[13]之，弗获而后已。

子产日夜以为戚，密造[14]邓析[15]而谋之曰："侨闻治身以及家，治家以及国，此言自于近至于远也。侨为国则治矣，而家则乱矣，其道逆邪？将奚方以救二子？子其诏[16]之！"

邓析曰："吾怪之久矣！未敢先言。子奚不时其治也，喻以性命之重，诱以礼义之尊乎？"

子产用邓析之言，因间以谒其兄弟而告之曰："人之所以贵于禽兽者，智虑。智虑之所将者，礼义。礼义成，则名位至矣。若触情而动，耽于嗜欲，则性命危矣。子纳侨之言，则朝自悔而夕食禄矣。”

朝、穆曰：“吾知之久矣，择之亦久矣，岂待若言而后识之哉？凡生之难遇而死之易及，以难遇之生，俟[17]易及之死，可孰念[18]哉？而欲尊礼义以夸[19]人，矫情性以招名，吾以此为弗若死矣。为欲尽一生之欢，穷当年之乐，唯患腹溢而不得恣口之饮，力惫而不得肆情于色，不遑忧名声之丑，性命之危也。且若以治国之能夸物，欲以说辞乱我之心，荣禄喜我之意，不亦鄙而可怜哉？我又欲与若别[20]之。夫善治外者，物未必治，而身交苦；善治内者，物未必乱，而性交逸。以若之治外，其法可暂行于一国，未合于人心；以我之治内，可推之于天下，君臣之道息矣。吾常欲以此术而喻之，若反以彼术而教我哉？”

子产忙然[21]无以应之。他日以告邓析。邓析曰：“子与真人居而不知也，孰谓子智者乎？郑国之治偶耳，非子之功也。”

——《列子·杨朱》

【注释】

[1] 子产：郑大夫公孙侨。

[2] 钟：盛酒的容器，也用作计量单位。

[3] 麴（qū）：酿酒的原料。

[4] 封：像坟墓状的堆积物。成封，即成堆。

[5] 逆：迎。

[6] 亡：通“无”。

[7] 比：并，挨着，相邻。

[8] 稚齿：年少。

［9］婑媠（wǒ duò）：美貌的样子。

［10］耽：沉湎。

［11］惬：足，满足。

［12］娥姣：形容容貌美好。

［13］挑：引诱。

［14］造：造访。

［15］邓析：郑国大夫，与子产同时，以名辩著称。

［16］诏：告知。

［17］俟：等待。

［18］孰：通“熟”。孰念，深思熟虑。

［19］夸：矜夸，标榜。

［20］别：辨白。

［21］忙：通“茫”。忙然，即茫然。

【译文】

子产在郑国为相，管理郑国的政事三年，善良的人服从他的治化，恶人畏惧他的禁令，郑国因此得到了很好的治理，别的诸侯也非常忌惮它。但子产有个哥哥叫公孙朝，有个弟弟叫公孙穆，公孙朝喜好饮酒，公孙穆喜好美色。公孙朝的家里积聚了千钟美酒，酿酒的材料也堆积成山，距离家门百步远，酒糟、酒浆的气味就扑面而来。当他沉溺于酒的时候，对于世道的安危，人事的祸殃，家产的有无，九族的亲属，生死存亡的哀戚欢乐，浑然不知。即便水火战事交替降临，也没有什么感觉。公孙穆的后院排列着数十房间，里面都住满了貌美的少女。当他沉湎于美色的时候，断绝和亲朋好友的往来，躲在后院不出来，从白天到黑夜。三个月方才出来一次，仍然不觉得惬意。乡里有容貌姣好的少女，一定不惜重金招致，托媒人去引诱，一定要得到才罢休。

子产因此日夜担忧，私下造访邓析商量此事说："我公孙侨听说，修养好自身才能治理一家，治理好一家才能治理好一国，这是说从近处开始才能到达远处。我公孙侨理国政则达到治理的效果，可是一家之内却如此混乱，岂不是与此相逆吗？该用什么办法来挽救他们两个人？请您明示！"

邓析说："我也为此感到奇怪很久了！只是不敢先说出来。您为什么不趁他们清醒的时候，晓谕他们以性命之重，诱导他们以礼义之尊？"

子产采纳了邓析的建议，找到一个合适的时机去拜谒他的兄弟，并告诉他们说："人之所以比禽兽更可贵，在于他们有智虑。智虑所选择的东西，是礼义。礼义有所成就，名誉和爵位就会随之而至。如果只是被感情所触动、所控制，沉湎于嗜好欲望之中，那性命就很危险了。你如果能接纳我公孙侨的建议，那么早上悔改晚上就可以获得爵禄。"

公孙朝、公孙穆说："我们知道这个道理很久了，做出这样的选择也很久了，哪里要等到听你这样说然后才知晓呀！活着是难于遭逢的，而死亡却是容易达到的。我们以难于遭遇的生命，在等待着容易达到的死亡，怎么可能不深思熟虑呢？你想要通过尊崇礼义而标榜于人，矫正人的情性以获取好的名声，在我们看来那还不如死了呢。为了想要极尽一生的欢愉，穷尽当下的快乐，只怕腹中填满不能尽情饮酒，身体疲惫不能纵情于美色，哪里顾得上担忧名声的败坏，性命的危险呀！况且你以治理国家的才能加以炫耀，想用一些说辞来惑乱我们的内心，用荣华富贵来动摇我们的意志，不也是很卑劣而且可怜的吗？我们还想和你辨白其中的道理。那善于治理外物的，外物未必能治理好，却互相之间身体都感觉苦楚；善于治理内心的，外物也未必就混乱不堪，而相互之间内心都感觉安逸。以你治理外物来看，你的方法只是暂时能够推行于一国，并不能合于人心。以我们治理内心来看，是可以推行于天下的，什么君臣之道也可以用不到了。我们经常想把我们的方法告诉你，不曾想你反倒先用你的方法来教育我们了！”

子产茫茫然不知道怎么回应他们，后来告诉了邓析。邓析说：“你和真人住在一起却不知道，谁说你是智者呢？郑国得到治理是偶然的事情，并非你的功劳呀。”

【点评】

这段寓言提倡的价值观念很特别，大抵如今天所讲的，人生苦短，及时行乐这样一种享乐主义、纵欲主义。而对于尊崇礼义所能带来的名誉、爵位，以为不值一提，认为这样的话还不如死去。大抵生逢乱世，人的生命朝不保夕的时候，容易滋生此类价值，战国时期，大致如此。

抛开这种具体的历史情境，单纯以价值观念而论，这种享乐主义、纵欲主义有什么意义呢？它可以让我们全面地认识人性，正视自身的欲望、肉体，以及肉体生命。人的欲望有正当性的一面，并不能简单地以丑恶视之。中国传统主流思想，无论道家，还是儒家，都不是严格意义上的禁欲主义，欲望在一定程度上有其合理性的一面。儒家趋向于肯定人性善，同样没有忽视人性中复杂的一面，有仁义礼智，有喜怒哀乐等情绪情感，有食色之欲。道家强调一种自然人性论，这种自然以质朴、朴素为特性，此自然也内涵着人的生理欲望。不过，儒道的主流均不认同纵欲主义。儒家倡导的礼义，正是节制欲望，使其在合理性范围内得到满足。道家同样以为，过度的欲望并非出于自然，而是人为。

享乐主义在追求一种快乐，儒家、道家也莫不在探寻快乐的人生，无时无处，乐而不忧、乐天知命，乃至于“无知无乐”的“真知真乐”是人生的一种至高境界。肉体欲望的满足带来的快乐，只是一时的、暂时的。人要追求快乐，仅仅停留于此，大抵也是缘木求鱼了。

《管子》

詩情畫法兩無心松竹蕭疏
意自深興到圖成秋思遠人
間又過倪雲林
壬午五月清湘遺
人濟大滌草堂

《管子》概论

一、《管子》其书

《管子》一书是战国时期齐国的稷下学者托名管仲而作的言行思想汇编，是对管仲辅佐齐桓公成就霸业的治国经验的理论总结。《管子》一书形式类似于论文集，内容丰富，博大精深，内容以法家思想为主，兼涉儒家、道家、阴阳家、名家、兵家和农家等诸子百家思想。《汉书·艺文志》将其归入子部道家类，《隋书·经籍志》将其归入法家类，《四库全书》将其归入子部法家类，清代学者章学诚则称其乃“道家之言也”。不同的归类表明《管子》一书具有兼容并包的思想特征，体现了法家思想与诸子百家思想交融互渗的思想趋向，是研究中国古代法家思想的极为重要的典籍文献。

《管子》一书作为管仲在齐国政治实践的理论总结，其思想内容和论证方式均有别于先秦时期诸子，试图从以民为本的思想出发，以养民富民作为社会发展的基本路径，以礼、义、廉、耻作为国家治理的道德基石，以法治刑罚作为国家治理的纲纪规范，德法并重，宽猛相济，上则辅佐君主道德教化，下则养民富民谨守法度，综合运用德治与法治的社会治理手段，以此实现国富民强的社会治理目标。《管子》一书蕴含着丰富的民本思想、德治思想、法治思想、教化思想、军事思想、乐教思想，构建了一套系统而完备的王道政治理想的思想体系，在中国思想文化史上具有独特的学术价值。

二、《管子》注本

自春秋战国至西汉初期，便流传有《管子》十八篇传本。西汉初年，管仲学派对《管子》一书作了补充和修订。西汉末年，刘向、刘歆父子整理官方收藏的《管子》抄本，校勘、删重存异后编纂而成《管子》八十六篇，这便是《管子》的最早定本。唐代初期，则有尹知章为《管子》所作的注本。南宋时期，则出现了《管子》最早的刻本，此浙刻本亦源自尹知章的注本。及至明代，《管子》刻本则有刘绩的《管子补注》本和赵用贤刻本，后者在南宋浙刻本和刘绩刻本的基础上有所修订，成为对后世影响较大的刻本，这也是我们今日所见《管子》。

《管子》经刘向编定后共计八十六篇，至唐亡佚十篇，今本实存七十六篇，现存《管子》分为《经言》《外言》《内言》《短语》《区言》《杂篇》《管子解》《管子轻重》八个部分，共七十六篇。其中，第一类《经言》九篇，自《牧民》至《幼官图》；第二类《外言》八篇；自《五辅》至《兵法》；第三类《内言》九篇，自《大匡》至《戒》，亡佚《王言》《谋失》两篇；第四类《短语》十八篇，自《地图》至《九变》；第五类《区言》五篇，自《任法》至《内业》；第六类《杂篇》十三篇，自《封禅》至《问霸》，亡佚《言昭》《修身》《问霸》三篇；第七类《管子解》五篇，自《牧民解》至《明法解》，亡佚《牧民解卜》篇；第八类《管子轻重》十九篇，自《臣乘马》至《轻重庚》，亡佚《三问乘马》《轻重丙》《轻重庚》三篇。

历代学者对《管子》所作的注本中，较为通行者当属清戴望所著《管子校正》、近代学者黎翔凤所著《管子校注》，其次为近代学者颜昌峣所著《管子校释》、郭沫若等所著《管子集校》、马非百所著《管子轻重篇新诠》，当代《管子》译本通行者则有赵守正所著《管子注译》、孙中原所著《管子解读》及李山、轩新丽所著《管子》全本译注。

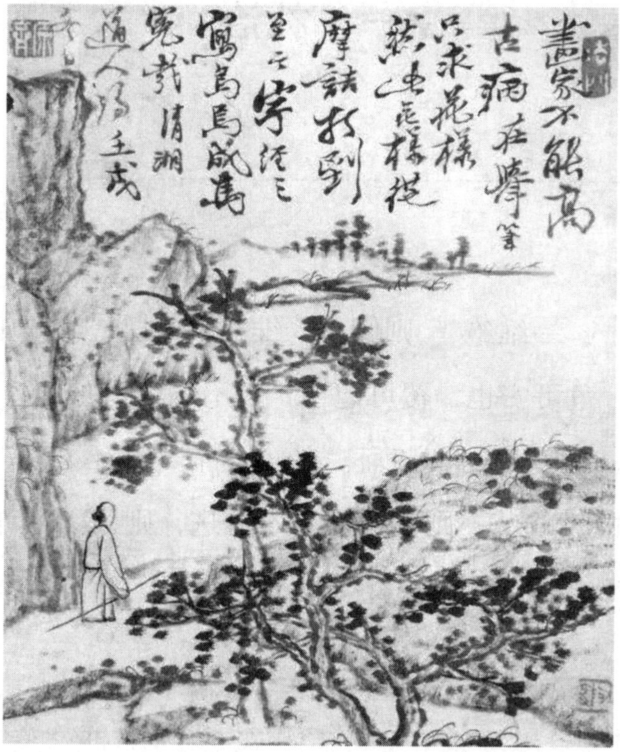

《管子》选编

一、礼治

【原文】

国有四维[1]，一维绝[2]则倾，二维绝则危，三维绝则覆，四维绝则灭。倾可正也，危可安也，覆可起也，灭不可复错[3]也。何谓四维？一曰礼，二曰义，三曰廉，四曰耻。礼不逾节，义不自进[4]。廉不蔽恶，耻不从枉[5]。故不踰节，则上位安。不自进，则民无巧诈。不蔽恶，则行自全。不从枉，则邪事不生。

——《管子·牧民》

【注释】

[1] 维：原义是指用来系物的绳子，此处喻指维系国家命运的关键。

[2] 绝：断。

[3] 错：通“措”，措置，设立。

[4] 自进：妄自求进。

[5] 从枉：盲从坏人，与之同流合污。

【译文】

维系国家命运的基本纲领有四条，断绝一条，国家就会倾倒。断绝两条，国家就会危险。断绝三条，国家就会颠覆。断绝四条，国家就会灭亡。倾倒可以扶正，危险可以转为安定，颠覆还可以再起，灭亡就无法挽回了。什么是四维？一是礼，二是义，三是廉，四是耻。守礼，就不会超越规范。讲义，就不会妄自求进。守廉，就不会掩饰过错。知耻，就不会盲从误枉。所以，不超越规范，君主地位就会安定。不妄自求进，民众就不会巧谋欺诈。不掩饰过错，德行就自然完美。不盲从误枉，邪乱之事就不会发生。

【点评】

《管子》把礼、义、廉、耻称为国之四维，并将其看作是支撑国家存续的重要的道德纲领。在《管子》看来，礼是社会大众的行为规范，义是立身之本，廉是内心准则，耻是羞耻之心。礼、义是治心之本，廉、耻是立人之节，缺一不可。《管子》把礼提高到国家政治生活的最高层面，认为礼是君主治理国家的重要手段，关乎国家的生死存亡，主张在国家治理中推行礼义教化，以期达到社会和谐、国家安宁的治理目标。《管子》重视礼、义、廉、耻的治国方略对于我们当今中国的国家治理具有重要的启示意义。

【原文】

天之道，虚其无形。虚则不屈，无形则无所抵牾[1]。无所抵牾，故遍流万物而不变。德者，道之舍[2]，物得以生生，知得以职[3]道之精。故德者，得也。得也者，其谓所得以[4]然也以。无为之谓道，舍之之谓德。故道之与德无间，故言之者不别也。间之理者，谓其所以舍也。义者，谓各处其宜也。礼者，因人之情，缘义之理，而为之节文[5]者也。故礼者谓有理也。理也者，明分以谕[6]义之意也。故礼出乎义，义出乎理，理因乎宜者也。法者所以同出，不得不然者也，故杀僇禁诛以一之也[7]。故事督[8]乎法，法出乎权[9]，权出乎道。

——《管子·心术上》

【注释】

[1] 抵（dǐ）牾（wǔ）：指抵抗、矛盾。抵，抵触、抵抗。牾，忤逆、违背。

[2] 舍：施舍。

[3] 职：通“识”，认识、了解。

[4] 以：同“已”，已经。

[5] 节文：指制定礼仪制度，使行之有度。节，节度。文，条文。

[6] 谕（yù）：同“喻”，明白、理解。

[7] 僇：通“戮”，杀戮。一：统一。

[8] 督：受监督。

[9] 权：权衡得失。

【译文】

天道，是虚而无形的。由于虚寂，就不受挫折，由于无形，就无所抵触。无所抵触，因而能遍流万物之间而不会改变。德，是道寄宿的处舍，万物依赖它得以生生不息，心智依赖它得以认识道之精髓。所以德就是得。所谓得，意谓所要得到的东西已经得到了。虚静无为叫作道，体现它的就叫作德。所以道与德没有什么差别，人们谈论它们时往往不加区别。说它们没有差别，是因为德就是道的体现。所谓义，是说各行其宜。所谓礼，是说根据人的感情，依从义的道理，据此设立的礼仪制度，所以，礼可以说是合乎义理。理，通过明确事物的本分来理解义的内涵。所以，礼从理中产生，义从理中产生，理是根据行事所宜而定的。法度是用来统一参差不齐的社会行动的，不得不实行的时候必须用法，所以要运用杀戮禁诛来实现统一。所以事事都要用法律来督察，法是根据权衡得失而产生的，而权衡的标准则是以道为根据的。

【点评】

此处详细阐释了道与德、义与理、礼与法几个重要的哲学概念之间的联系与区别，礼的本质是维护社会等级秩序的治理工具，义理是礼的内在依据，礼是义理的外在体现，此处通过论证礼根源于理的内在关系而赋予礼之存在的合理性。在礼与法的关系上，此段论述凸显了《管子》崇礼重法、礼法并用的思想特色，礼与法都是维护社会政治秩序的治理手段。一方面，礼义道德是用来区别尊卑、贵贱、长幼、上下的规章制度，需要民众自觉遵守；另一方面，当礼义道德不足以约束民众的道德自觉时，法、势、刑、罚便是实施社会治理的强有力的政治手段，法治是礼治的有效补充。《管子》礼法并用的社会治理思想具有很大的进步性，为中国古代社会礼法融合的法治传统奠定了思想基础，对我们当下倡导的以德治国、依法治国相结合的社会主义法治建设有着极为重要的启示意义。

【原文】

天有常象[1]，地有常刑[2]，人有常礼[3]，一设而不更，此谓三常。兼而一之[4]，人君之道也；分而职之[5]，人臣之事也。君失其道，无以有其国；臣失其事，无以有其位。然则上之畜下不妄[6]，而下之事上不虚[7]矣。上之畜下不妄，则所出法制度[8]者明也；下之事上不虚，则循义从令者审也。上明下审[9]，上下同德，代相序[10]也。君不失其威，下不旷其产[11]，而莫相德[12]也。是以上之人务德，而下之人守节[13]。义礼成形于上，而善[14]下通于民，则百姓上归亲于主，而下尽力于农矣。故曰：君明、相信、五官肃、士廉、农愚、商工愿[15]，则上下体，而外内别也，民性因[16]，而三族[17]制也。

——《管子·君臣上》

【注释】

[1] 常象：指日月星辰等恒常不变的天象，常象代表了宇宙秩序。

[2] 常刑：恒常的形态。刑，通“形”，形态。

[3] 常礼：恒常的礼仪制度。

[4] 兼而一之：兼领百官统一规划全局。一，统一。

[5] 分而职之：分工管理各司其职。职，执掌，主管。

[6] 畜：畜养，对待。不妄：不虚妄，即真诚。

[7] 事：侍奉。不虚：不虚无，即实在。

[8] 所出法制度：指制定颁布的律令和法度。

[9] 明：明智。审：审慎。

[10] 代相序：指良好互动。代：更替，循环往复。

［11］产：产业，生计。

［12］德：指感恩戴德。

［13］守节：恪守节义。节，节义，本分。

［14］善：此处指崇尚美善。

［15］相：指宰相。五官：是指司徒、司马、司空、司士、司寇五种官职的合称。廉：廉直。愚：此处指愚鲁朴实。愿：忠厚，勤谨。

［16］民性因：民生都有依靠。性，即“生”，指民生。因，因依，依托。

［17］三族：指农、工、商三种行业。族，族类，行业。

【译文】

天有恒常的天文现象，地有恒常的形状样态，人有恒常的礼仪制度，这些一旦设立就不会更改变换，这就是所谓三常。兼领百官、统一法度，是君主的责任，即为君之道；分工管理、各司其职，是臣子的责任，即为臣之道。人君如果丧失了为君的职责，就无法保有自己的国家；人臣如果旷废了为臣的职责，就无法保住自己的职位。既然如此，如果君主培养臣子能够真诚不虚，那么，臣子侍奉君主也就实在不欺。君主培养臣子真诚不虚，颁布法令法度也就清晰明确；臣子侍奉君主实在不欺，遵循法度服从命令也就严谨认真。在上的君主明智，在下的臣子审慎，上下同心同德，循环往复形成代代传承的风俗秩序。君主不失其威信，臣子不旷废其产业，彼此和谐不必感恩戴德。所以，在上的君主务求守道立德，在下的民众恪守节义本分。德行礼仪在上面朝廷形成了典范，崇尚美善在下面民众得到了贯彻，如此，百姓就会向上亲附于君主，向下尽心于农业了。所以说，君主明智，辅相诚信，五官端肃，士人廉直，农民愚朴，商人、工匠勤谨忠厚，那么，君臣上下就互为一体，朝廷内外井然有别，民众生计都有依靠，而农、商、工三类人就都会遵循管理制度了。

【点评】

天、地、人都有恒常不变的事象，天地间昼夜更替、春夏秋冬等万世不变的自然现象正是天道主宰下的有序运行，人世间的礼仪制度亦效法天地之道，君臣上下各司其职各守其位，君行君道，臣行臣道，民行民道，彼此和谐友善而又差序有别，如此形成恒常有序的礼仪制度。此处论及天人相分、人法天地的天人关系问题，与《礼记·乐记》所言“乐由天作，礼以地制”相似，都是借天道喻人道的方式来说明礼仪制度及其社会政治功能的合理性，进而实现上下有别、和谐有序的社会政治理想。

【原文】

凡牧民者，使士[1]无邪行，女无淫事。士无邪行，教也。女无淫事，训也。教训成俗，而刑罚省，数[2]也。凡牧民者，欲民之正[3]也。欲民之正，则微邪不可不禁也。微邪者，大邪之所生也。微邪不禁，而求大邪之无伤国，不可得也。凡牧民者，欲民之有礼[4]也。欲民之有礼，则小礼不可不谨[5]也。小礼不谨于国，而求百姓之行大礼，不可得也。凡牧民者，欲民之有义也。欲民之有义，则小义不可不行。小义不行于国，而求百姓之行大义，不可得也。凡牧民者，欲民之有廉也。欲民之有廉，则小廉不可不修也。小廉不修于国，而求百姓之行大廉，不可得也。凡牧民者，欲民之有耻也。欲民之有耻，则小耻不可不饰[6]也。小耻不饰于国，而求百姓之行大耻，不可得也。凡牧民者，欲民之修小礼、行小义、饰小廉、谨小耻[7]、禁微邪，此厉民之道[8]也。民之修小礼、行小义、饰小廉、谨小耻、禁微邪，治之本也。

——《管子·权修》

【注释】

［1］士：男子。

［2］数：必然之势，即规律。

［3］正：端正，走正道。

［4］有礼：指在观念与言行举止上遵从礼制规范，体现“礼”之涵养风度。

［5］谨：谨慎，重视。

［6］饰（chì）：通“饬”，整顿，整饬。

［7］此处“修小礼、行小义、饰小廉、谨小耻”应为“谨小礼、行小义、修小廉、饰小耻”。下句同。

［8］厉民之道：教育民众的方法。厉，同“砺”，磨砺，砥砺，此处引申为教育。

【译文】

凡是治理民众的人，应使男子没有邪僻的行为，使女子没有淫乱的事情。使男人不行邪僻之事，要靠教育；使女人没有淫乱之事，要靠训导。教育训导形成普遍的社会风气，刑罚就会减少，这是很自然的道理。凡是治理民众的人，都想要民众行正道。想要民众行正道，就不能不禁止微小的邪恶。小的邪恶，是大的邪恶产生的根源。微小的邪恶不禁止，而想要大的邪恶不去危害国家，那是不可能的。凡是治理民众的人，都想让民众守礼。要想让民众有礼节，人君就不可不重视小的礼节。在国内不重视推行小的礼节，而要求百姓去遵行大的礼仪，那是办不到的。凡是治理民众的人，都想让民众有义。要想让民众有道义，人君就不可不鼓励小的善行义举。在国内不奉行小的善行义举，而要求百姓去奉行大的道义，那是办不到的。凡是治理民众的人，都想让民众重廉。要想让民众重视廉洁，人君就不可不重视小的廉行。在国内不重视日常小的廉行，而要求百姓去遵守大的廉洁奉公，那是办不到的。凡是治理民众的人，都想让民众知耻。要想让民众知道羞耻，人君就不可不整顿小耻。在国内不整顿小的无耻行径，而要求百姓能够知晓大耻，那是办不到的。但凡人君治理民众，都想让百姓谨守小礼、奉行小义、修养小廉、整饬小耻、禁绝小恶，这些都是教化民众的方法。而民众谨守小礼、奉行小义、修养小廉、整饬小耻、禁绝小恶，这些正是治理国家的根本。

【点评】

此处《管子》指出礼、义、廉、耻四维在国家治理中的重要作用，礼、义、廉、耻是君主教化民众的方法，也是君主治理国家的根本。君主推行礼、义、廉、耻要从日常小礼、小义、小廉、小耻入手，由小及大，方能要求民众守大礼、行大义、修大廉、知大耻。此处《管子》认识到人的思想言行是一个日积月累的过程，强调日常生活中道德行为积累、磨砺的重要性，指出德治的治理观念只有付诸日常生活，才能真正实现民众的道德教化。正是基于这种考虑，《管子》将日常生活中的礼、义、廉、耻看作是民众伦理修养的道德起点，同时也是君主治理国家的道德支柱。

【原文】

政之所兴[1]，在顺民心；政之所废，在逆民心。民恶忧劳，我佚乐之[2]；民恶贫贱，我富贵之；民恶危坠，我存安之；民恶灭绝，我生育之。能佚乐之，则民为之忧劳[3]；能富贵之，则民为之贫贱；能存安之，则民为之危坠；能生育之，则民为之灭绝。故刑罚不足以畏其意[4]，杀戮不足以服其心[5]。故刑罚繁而意不恐，则令不行矣；杀戮众而心不服，则上位危矣。故从其四欲[6]，则远者自亲；行其四恶，则近者叛之。故知予[7]之为取者，政之宝[8]也。

——《管子·牧民》

【注释】

[1] 兴：兴盛。

[2] 我佚乐之：君主使百姓感到安逸快乐。我，即君主。佚，通“逸”，使之安逸。乐，使之快乐。

[3] 民为之忧劳：民众为君主承受忧愁劳苦。

[4] 畏其意：心生畏惧。

[5] 服其心：心生服从。

[6] 四欲：即上文所说的佚乐、富贵、存安和生育四种愿望。

[7] 予：给予。别本作“与”。

[8] 宝：法宝。

【译文】

政令之所以推行，在于顺应民心；政令之所以废弃，在于违背民意。民众害怕忧劳，我就使他们安逸快乐；民众害怕贫贱，我就使他们富贵；民众害怕危难，我就使他们生活安稳；民众害怕家族灭绝，我就使他们生养繁育。能够使民众安逸快乐的人，民众就愿意为其承受忧劳；能够使民众富贵的人，民众就愿意为其忍受贫贱；能够保全民众生活安稳的人，民众就愿意为其担当危难；能够保证民众生养繁育的人，民众就不惜为其牺牲性命。所以，单靠刑罚不足以使民众真正感到畏惧，仅凭杀戮也不足以使民众心悦诚服。所以刑罚繁重太过泛滥，人心反而不知所惧，法令就不能有效推行；杀戮太多而使人心不服，君上的地位就会危险。所以顺从和满足上述所说的民众的四种愿望，远方的人自然会来亲近；推行上述所说的四种民众厌恶的政令，亲近的人也会叛离。由此可知，明白“予之于民就是取之于民”这个原则，就是治国的法宝。

【点评】

此段论述阐释了《管子》“四顺”的治理理念，从人心向背的角度探讨了君主治国之道，认为政权的成败在于人心的顺逆，顺应民心则政令行，违逆民心则政令废，君主德治之道在于顺应民众“佚乐”“富贵”“存安”“生育”四种愿望，揭示了顺应民心在国家治理中的重要作用。《管子》还意识到了国家利益与民众利益之间的密切联系，极为重视民众的力量与作用，指出民众的根本利益是关涉国家稳定与否的根本性因素，体现出了以民为本、仁政爱民的思想特征。《管子》以民为本的德治思想影响深远，对于我们今天的国家治理理念有着重要的借鉴价值，为当今社会主义中国“以人民为中心、为人民谋幸福”的初心和使命提供了理论依据。

【原文】

曰民知义矣，而未知礼，然后饰[1]八经以导之礼。所谓八经者何？曰：上下有义[2]，贵贱有分，长幼有等，贫富有度。凡此八者，礼之经也。故上下无义则乱，贵贱无分则争，长幼无等则倍[3]，贫富无度则失[4]。上下乱，贵贱争，长幼倍，贫富失，而国不乱者，未之尝闻也。是故圣王饬此八礼，以导其民。八者各得其义[5]，则为人君者，中正而无私；为人臣者，忠信而不党[6]；为人父者，慈惠以教；为人子者，孝悌以肃[7]；为人兄者，宽裕以诲；为人弟者，比顺[8]以敬；为人夫者，敦蒙以固[9]；为人妻者，劝勉[10]以贞。夫然[11]则下不倍上，臣不杀[12]君，贱不逾[13]贵，少不陵[14]长，远不闲[15]亲，新不闲旧，小不加[16]大，淫不破义[17]。凡此八者，礼之经也。夫人必知礼然后恭敬，恭敬然后尊让，尊让然后少长贵贱不相踰越，少长贵贱不相踰越，故乱不生而患[18]不作，故曰礼不可不谨也。

——《管子·五辅》

【注释】

[1] 饰：通“饬”，整饬，整治。

[2] 义：道义。

[3] 倍：通“背”，背弃。

[4] 失：丧失。

[5] 义：宜。

[6] 不党：不拉帮结伙。党，结党。

［7］肃：恭敬。

［8］比顺：和顺。

［9］敦蒙以固：敦厚专一。固，专一。

［10］劝勉：自勉自励。

［11］夫然：如果这样。

［12］杀：弑杀。

［13］逾：逾越，超越。

［14］陵：欺辱。

［15］闲：同“间”，离间，妨碍。

［16］加：通“驾”，凌驾，欺压。

［17］淫：过度，不加节制。破：破散。义：道义。

［18］患：祸患。

【译文】

说百姓虽已知道义了，然而还未必懂得礼，这样就应该经由修治以下八条重要原则引导民众懂得礼法。这八项原则指的是什么呢？上与下都各有礼仪，贵与贱都各有本分，长与幼都各守等次，贫与富都各有限度。总计这八个方面，就是礼的重要准则。因此，上与下之间没有礼仪约束就会发生混乱，贵与贱之间不守本分就会引起争执，长与幼之间没有辈分等级就会发生悖乱，贫与富之间没有限度行事就要失去节制。上下发生混乱，贵贱产生争执，长幼形成悖逆，贫富失去节制，而国家不陷于动乱的，从没听说过。所以，英明圣贤的君主总是整顿这八项原则引导百姓。这八方面都能够各得其宜，当君主的，就会公平正直而没有偏私；当臣子的，就会忠诚守信而不结私党；当父母的，就会以慈爱和顺的态度教养子女；当子女的，就能以孝顺恭敬的行为来奉养双亲；当兄长的，就能以宽厚忍让的心态来教诲弟弟；当弟弟的，就能以和顺信从的态度来敬重兄长；当丈夫的，就能敦厚专一；当妻子的，就能努力坚守贞节。能做到这样，那么下属就不会悖逆上司，臣子就不会去弑杀君王，卑贱的就不会僭越尊贵的，年少的就不会欺侮年长的，疏远的就不会间隔亲近的，新知己就不会间断旧交情，权小的就不会凌驾权大的，过度而没有节制的行为就不会破坏正直者持守道义的风尚。以上这八个方面，都是礼的重要原则。所以，人们必先懂礼，才能恭敬整肃；恭敬整肃，然后才能尊重谦让；尊重谦让，然后才能做到少长贵贱不相逾越；少长贵贱不相逾越，然后混乱的事就不会发生，而祸患也就不会发生了。所以说礼是不可以不慎重施行的。

【点评】

《五辅》强调礼之八经："上下有义，贵贱有分，长幼有等，贫富有度"，规定了实施八经的八条原则："下不倍上，臣不杀君，贱不逾贵，少不陵长，远不间亲，新不间旧，小不加大，淫不破义。"为人者无论上下尊卑贵贱，行事都要符合礼制规范，以使贵贱有别，长幼有序，贫富有度，君臣上下和谐有序，父子、兄弟、夫妻各得其宜，这便是《管子》追求的贵贱有等、长幼有序的差序格局，礼的具体道德规范起着维护社会等级秩序的政治作用。《管子》特别强调礼在社会层面的政治功能，注重礼仪制度在稳定社会秩序中的教化功能，突出了礼的社会价值。

【原文】

是故国之所以为国者，民体[1]以为国；君之所以为君者，赏罚[2]以为君。致赏则匮[3]，致罚则虐[4]。财匮而令虐，所以失其民也。是故明君审居处之教[5]，而民可使居治[6]、战胜、守固者也。夫赏重，则上不给[7]也；罚虐，则下不信也。是故明君饰食饮吊伤[8]之礼，而物厉之[9]者也。是故厉之以八政[10]，旌之以衣服[11]，富之以国禀[12]，贵之以王禁[13]，则民亲君可用也。民用，则天下可致也。天下道其道则至[14]，不道其道则不至也。夫水，波而上，尽其摇而复下，其势固然者也。故德之以怀[15]也，威之以畏[16]也，则天下归之矣。有道之国，发号出令，而夫妇[17]尽归亲于上矣；布法出宪，而贤人列士尽功能于上矣。千里之内，束布之罚，一亩之赋，尽可知也。治斧钺者不敢让刑[18]，治轩冕[19]者不敢让赏，坟然[20]若一父之子，若一家之实，义礼明[21]也。

——《管子·君臣下》

【注释】

［1］民体：民众形成贵贱尊卑的体统。体，体统。

［2］赏罚：君主掌握了赏罚之权。

［3］致赏：极赏，指奖赏过度。致，同“至”，极。匮：缺乏。

［4］致罚：极罚，指惩罚过重。致，同“至”，极。虐：暴虐。

［5］审居处之教：重视日常的教化。审，重视。居处，指日常、平常。

［6］治：服从治理。

［7］不给：指供给不足。给，供应，供给。

［8］饰：通“饬”，整饬，整顿。食饮：指飨宴。吊伤：指吊丧。

［9］厉之：激励之。厉，同“励”，激励。

［10］八政：指八种政事以及相应的官职。

［11］旌：表彰。衣服：穿的和用的。

［12］国禀：指国家俸禄。禀，同“廪”，谷仓，此处指俸禄。

［13］王禁：指国法。

［14］道其道：遵行正确的道路。前“道”为动词，指遵行。后“道”为名词，指正确的道路。至，归顺，归附。

［15］德之以怀：即“以怀德之”，以怀柔之心施以恩德。

［16］威之以畏：即“以畏威之”，以民众敬畏之事展现君主威势。

［17］夫妇：男女，此处泛指百姓。

［18］治：同“司”，掌管。钺：大斧。让：当为“攘”，攘夺、窃取。

［19］轩冕：君主赏给功高位高之人的车和帽子，此处泛指赏赐。

［20］坟然：顺从的样子。坟，通“贲，顺从。

［21］明：分明。

【译文】

所以国家之所以成为国家，是由于民众有了秩序才成为国家；君主之所以成为君主，是由于掌管了赏罚才成为君主。赏赐过多财物就会匮乏，刑罚过重政令就会暴虐。财物匮乏因而政令暴虐，这就是丧失民心的原因。所以贤明的君主重视日常教化，这样可以使民众日常居处服从治理、作战能够取胜、防守牢不可破。赏赐过多，国家就供给不足；刑罚暴虐，民众就不会信服。所以贤明的君主整顿宴饮、吊丧的礼节，以可见的物利激励民众。所以贤明的君主用八种官职勉励民众，用不同品秩的衣物用度表彰民众，用国家俸禄使民众生活富足，用国家法度使民众地位尊贵，这样民众就会亲近依附君主供其所用。民众可用，那么天下就会归附了。施行正道，天下就都会来归附，不行正道，天下就不会来归附。就像海水一样，波浪激荡翻涌到顶端就会再落下，这是其必然的规律。因此用怀柔之心施以恩德，用敬畏之事展现威势，那么天下就会归附了。有道的国家，只要发号施令，百姓就都会来亲近归附君主；只要颁布法典，贤人列士就都会来为君主竭忠尽智。方圆千里之内，即便是一束布的惩罚，一亩田的赋税，国君都可以完全了解。掌管刑赏者不敢窃取刑赏的权限，民众顺从就像是一个父亲的儿子，就像是一个家庭的成员，这便是由于义礼分明的缘故。

【点评】

此段论述围绕君臣上下关系讨论了赏罚、财物、民心、君道之间的关系，揭示了人民对于一个国家的重要性及礼义在国家治理中的重要作用。《管子》深刻认识到了君主合理使用赏罚之权的重要性，君主赏罚应遵从礼义，理性适度，注重教民、富民、尊民，以礼义教化引导民众，以物利赏赐激励民众，以国家财富保障民众生活，以国家法度保障民众地位，这样才能赢得民心，民心安则社稷安，从而使天下归顺。此处《管子》再次强调民心对于国家兴盛的决定性作用，指出礼义道德在引导、激励和凝聚民心方面的政治功能，主张君主通过德治获取民心支持，体现了统治者教民、富民、重民的民本思想。民本思想是管子在齐国实施王道政治的重要治理手段，起到了维护社会稳定和发展的作用，在中国古代政治思想史上具有重要地位，其思想精华对于我们建设中国特色社会主义政治文明也具有重要的借鉴意义。

【原文】

神圣者王[1]，仁智者君，武勇者长，此天之道，人之情也。天道人情，通者质[2]，宠者从[3]，此数之因[4]也。是故始于患[5]者不与其事，亲其事者不规[6]其道。是以为人上者患而不劳也，百姓劳而不患也。君臣上下之分素[7]，则礼制立矣。是故以人役上，以力役明[8]，以刑役心[9]，此物之理也。心道[10]进退，而刑道[11]滔赶。进退者主制[12]，滔赶者主劳。主劳者方，主制者圆[13]。圆者运，运者通，通则和。方者执，执者固[14]，固则信。君以利和，臣以节信，则上下无邪[15]矣。故曰：君人者制仁，臣人者守信。此言上下之礼也。

——《管子·君臣下》

【注释】

[1] 王（wàng）：称王。

[2] 通：通达，显贵。质：做主。

[3] 宠：当为“穷”，指不通达。从：遵从。

[4] 数之因：自然法则决定的。因，依据。

[5] 患：思虑，忧虑，谋度。

[6] 规：谋划。

[7] 分素：职分早已确定。分，职分。素，早已确定。

[8] 以力役明：指体力劳动者侍奉脑力劳动者。力，指出力的人。明，指动脑的人。

[9] 以刑役心：用形体侍奉心灵。刑，通“形”，形体。

[10] 心道：指思维器官的功能。

［11］刑道：指身体的功能。

［12］主：主管。制：控制。

［13］圆：圆通。

［14］执：执着，坚持。固：坚定。

［15］邪：偏斜，偏差。

【译文】

神圣之人称王，仁智之人为君，勇武之人做官，这便是所谓天之道和人之情。依照天道和人情，通达之人做君主，卑穷之人充做臣下，这是由自然规律决定的。因此，主管谋划者不参与具体事务，亲自参与具体事务者不主管谋划。因此，君主思虑谋划而不亲自劳作，民众亲身劳作而不思虑谋划。君臣上下职分明确下来，那么礼法制度就建立起来了。因此，用臣民侍奉君主，用劳力者侍奉劳心者，用形体侍奉心灵，这就是万物的道理。心灵思虑举止进退，形体践行俯仰屈伸。思虑举止进退的负责发号施令，践行俯仰屈伸的负责身体力行。负责身体力行的臣下要方正，负责发号施令的君主要圆通。圆通者长于运转，运转带来变通，变通才能和谐。方正者为人执着，执着方能坚定，坚定带来诚信。君主用利来调节达到和谐，臣下用守节来表示诚信，那么上下就没有偏差了。所以说，君主制定法令要仁爱宽厚，臣下要谨守信义。这就是所谓的上下之礼。

【点评】

此段论述阐释了君臣上下分职而治的治理思想，指出“通达之人为君主”“卑穷之人为臣下”是合乎天道和人情的自然规律，也是礼法制度的应有之义，以天道观照人道，上下之礼便具有了存在的合理性和正当性。此处还提出了君主仁爱宽厚、臣下谨守信义的伦理要求，以此确保上下和谐有序。《管子》

君臣分职的治理思想能够最大程度地调动臣下的积极性，实现国家的有效治理，具有鲜明的黄老道家色彩，确保了当时齐国社会的安定和谐有序。

【原文】

君之在国都也，若心之在身体也。道德定于上，则百姓化于下矣。戒[1]心形于内，则容貌动于外矣。正[2]也者，所以明其德。知得[3]诸己，知得诸民，从其理也。知失[4]诸民，退而修诸己，反其本也。所求于己者多，故德行立。所求于人者少，故民轻给之[5]。故君人者上注，臣人者下注。上注[6]者，纪天时，务民力。下注者，发地利，足财用也。故能饰[7]大义，审时节，上以礼神明，下以义辅佐者，明君之道。能据法而不阿，上以匡主之过，下以振[8]民之病者，忠臣之所行也。

——《管子·君臣下》

【注释】

[1] 戒：谨慎。

[2] 正：通“政”，治政。

[3] 得：适合。

[4] 失：不适合。

[5] 轻给之：容易满足其要求。轻，轻易，容易。

[6] 上注：精力向上贯注。

[7] 饰：通“饬”，整顿。

[8] 振：救。

【译文】

君主在国都，就好像心灵在体内一样。君主在上确立道德典范，民众在下就会受到教化。戒慎之心在体内形成，那么相应的容貌就会表现在外。所谓施政，是用来彰显君主德行的。知道什么适合自己，就知道什么适合民众，这是服从其中道理的结果。知道哪些对于民众不合适，就回过头来修正自身，这是返回根本的方法。对自己要求的多，德行就可以树立。对民众要求的少，民众就容易满足君主的要求。因此君主的精力贯注于上，臣下的精力贯注于下。精力贯注于上者，掌握天时，安排民力。精力贯注于下者，开发地利，满足财用。所以能整顿大义，慎重对待天时季节，向上礼敬神明，向下公正对待大臣，这是明君的治国之道。能够依据法律办事而不徇私枉法，向上可以匡正君主的过错，向下可以救济民众的困苦，这是忠臣的应有之义。

【点评】

此段论述指出君主、臣下各自肩负的职责，君主向上通晓天时，则可合理安排民力，公正对待大臣。臣下向下通晓民意，则可合理开发地利，匡正君主过错。君主与臣下各自发挥其应有的作用，体现了君臣分职的治理思想。此处《管子》指出君主作为道德典范的榜样力量，君主施政是其个人德性彰显的过程，君主个人德性对民众起着很大的道德引导和教化作用，因而君主自身的道德修为至关重要。此处《管子》还提出了通过反观自我使自身道德修养臻于完善的修养观，认为君主经常自我反省将有助于提升自身道德修养，其修身与治国的检验尺度皆为民众，凸显了以人民利益为中心的民本思想。民本思想是齐国社会稳定有序的重要原因，也对后世社会治理观念产生了深远的影响。

二、法治

【原文】

先王不以勇猛为边竟[1]，则边竟安；边竟安，则邻国亲；邻国亲，则举当[2]矣。人故相憎也，人之心悍，故[3]为之法。法出于礼，礼出于治[4]。治、礼，道也。万物待治礼而后定。

——《管子·枢言》

【注释】

[1] 竟：通“境”，边境。下同。

[2] 举当：指全部合适。举，尽，都。当，合适。

[3] 故：通“固”，固然。

[4] 治：治世的道理。

【译文】

先王不凭借勇猛武力来处理边境问题，那么边境自然就会安宁；边境安宁，那么邻国自然就会来亲善；邻国来亲善归附，那么问题就都好办了。人与人之间本来是相互憎恨厌恶的，人心凶悍，所以就要颁布法律来治理民众。法律出于礼，礼出于合乎人情的道理。道理和礼都是道的体现。万事万物都根据道理和礼来确定。

【点评】

此段论述体现了《管子》礼法并用、德法并举的礼学思想特色。《管子》不仅倡导礼治，也重视作为礼治辅助手段的法治，揭示了礼与法之间的交互关系，二者在政治功能上互为补充，并行不悖。礼是法的内在伦理依据，法是礼的外在制约手段，礼与法都是治国之道的具体实施方式，礼用以维系社会秩序的和谐稳定，法用以约束和惩戒罪恶，维护民众的个人权益。《管子》认为法治虽从礼治演绎而来，但法治相比礼治更具有强制性和可操作性，对官员行使正当权力形成强制的约束作用，是社会大众所应遵守的行为准则。

【原文】

所谓仁义礼乐者，皆出于法。此先圣之所以一[1]民者也。《周书》[2]曰："国法。法不一，则有国者不祥；民不道法[3]，则不祥；国更立法以典民，则不祥；群臣不用礼义教训，则不祥；百官服事者离法而治，则不祥。"故曰：法者不可不恒也，存亡治乱之所以出，圣君所以为天下大仪也。君臣上下贵贱皆发[4]焉，故曰"法"。

——《管子·任法》

【注释】

［1］一：统一。

［2］《周书》：泛指周代官方文书。

［3］道法：守法。道，从。

［4］发：发生。

【译文】

所谓仁义礼乐，都是从法里派生的。法就是先圣用来统一人民行动的。《周书》上说："国家必有法。法不统一，那么国君就会不吉祥；人民不守法，也不吉祥；国家变更法度来管理人民，就不吉祥。群臣不用礼仪道义来教育百姓，就不吉祥；大小百官与管理国事的人脱离法度治国，就不吉祥。"所以说：法令不可以恒定不变，它是存亡治乱的根源，是圣明君主用来作为天下的最高标准的。君主与群臣、居上位者与居下位者、地位尊贵之人与地位卑贱之人都必须依法行事，所以叫作"法"。

【点评】

在《管子》看来，与教化上的礼治相适应，政治上必须施行法治。法治是国家治理的天下大仪，起着规范人际关系、维持社会稳定的重要作用。礼治与法治相互作用，互为补充。礼治是法治的重要基础，法治是礼治的重要保障，法令施行顺畅，则仁义礼乐自然产生，礼治的道德教化在法治的辅助下才能更好地扬善惩恶，法治的警戒作用也需借助道德教化的内在力量，以使人们自觉遵守法律。与法家片面强调法治作用相比，《管子》礼法并用的法治思想更具有合理性。《管子》还强调执法对象的普遍性，无论君臣、上下、贵贱都要依法行事，体现了法律对于社会各个阶层的公平性、公正性。《管子》礼法并用、法律公平的法治思想，对于我们当下建设和谐社会有着重要的现实意义。

【原文】

凡牧民者，欲民之可御[1]也。欲民之可御，则法不可不审[2]。法者，将立[3]朝廷者也。将立朝廷者，则爵服不可不贵也。爵服加于不义，则民贱其爵服；民贱其爵服，则人主不尊；人主不尊，则令不行矣。法者，将用民力者也；将用民力者，则禄赏不可不重也；禄赏加于无功，则民轻其禄赏；民轻其禄赏，则上无以劝[4]民；上无以劝民，则令不行矣。法者，将用民能者也。将用民能者，则授官不可不审也。授官不审，则民闲其治[5]；民闲其治，则理不上通[6]；理不上通，则下怨其上；下怨其上，则令不行矣。法者，将用民之死命[7]者也；用民之死命者，则刑罚不可不审；刑罚不审，则有辟就[8]；有辟就，则杀不辜[9]而赦有罪；杀不辜而赦有罪，则国不免于贼臣矣。故夫爵服贱、禄赏轻、民闲其治、贼臣首难[10]，此谓败国之教也。

——《管子·权修》

【注释】

[1] 御：驾驭，统治。

[2] 审：慎重。

[3] 将：扶持，保持。立：确立，建立。

［4］劝：鼓励，勉励。

［5］闲其治：背离君主的统治。闲，作“间”，隔离，背离。

［6］理：情，指下情。上通：上达。

［7］死命：生死。一说以死报效。

［8］辟就：避重就轻或避轻就重，指刑罚不当。避开，回避。就，迁就。

［9］不辜：无罪之人。

［10］首难：首先发难。

【译文】

凡是治理民众的人，都要求民众服从统治、听从差遣。要想使民众服从管制驭使，就不可不重视法令的作用。法制律令，是用来建立和保障朝廷权威的。要保障朝廷有权威，就不可不重视爵位和服饰等级制度。如果把爵服授给不义之人，民众就会轻视爵位；民众一旦轻视爵位，君主就没有威信、地位就不尊贵。君主地位不尊贵，那么他发出的政令就难以推行，民众也不愿去执行。法规律令，是用来驱使民众为朝廷出力的。要想驱使民众出力，就不可不重视俸禄和赏赐。如果把俸禄和赏赐授给无功之人，民众就会轻视朝廷的俸禄和赏赐；民众轻视朝廷的俸禄和赏赐，君主就无法劝勉民众出力；君主无法有效地劝勉民众，那么他发出的命令就无法推行了。法制律令，是用来发挥民众才能的。要想发挥民众的才能，那么授官任职就不得不慎重。如果授官任职不够慎重，民众就会背离朝廷的统治；民众如果背离朝廷的统治，那么下层国情就不能上达至朝廷；下层国情不能上达至朝廷，民众就会怨恨君主；民众怨恨君主，那么君主发出的政令就没人愿意执行了。法规律令，是用来决定民众的生死的；决定民众的生死，那么刑罚就不得不慎重使用；如果刑罚使用不慎，就会出现坏人逃脱罪罚、好人蒙受冤屈的现象；坏人逃脱罪罚、好人蒙受冤屈，就会出现滥杀无辜、包庇罪人的事情；滥杀无辜、包庇罪人，国家政权就难免被乱臣贼子伺机窃取了。因此，一旦爵位被藐视、禄赏遭轻视、民众背离统治、奸臣乱党首先发难，这些都是导致国家败亡的教训。

【点评】

此段论述讲述了法规律令在国家治理中的重要作用与职能。法令可以用来建立朝廷的权威，可以用来驱使民众为朝廷出力，可以用来发挥民众才能，还可以决定民众的生死。而法令能否使用得当，直接决定了国家存亡与否。要想法令得当，就要确保授予爵位、禄赏得当，确保民众不会背离朝廷、刑罚使用慎重。此处强调了法令刑罚中礼义的正当性，礼法不可偏废，相互依存，相互作用。《管子》礼法并举的法治思想在先秦时期具有重要的进步意义，也为我们当今社会法制建设提供了可资借鉴的理论资源。

【原文】

制断五刑[1]，各当其名，罪人不怨，善人不惊，曰刑。正之服之，胜之饰[2]之，必严其令，而民则之，曰政。如四时之不贳[3]，如星辰之不变，如宵如昼，如阴如阳，如日月之明，曰法。爱之生之，养之成之，利民不得[4]，天下亲之，曰德。无德无怨，无好无恶，万物崇一，阴阳同度，曰道。刑以弊[5]之，政以命之，法以遏之，德以养之，道以明之。刑以弊之，毋失民命。令之以终其欲，明之毋径[6]。遏之以绝其志意，毋使民幸。养之以化其恶，必自身始。明之以察其生[7]，必修其理。致刑，其民庸[8]心以蔽[9]。致政，其民服信以听。致德，其民和平以静。致道，其民付[10]而不争。罪人当名曰刑，出令时当曰政，当故不改曰法，爱民无私曰德，会民所聚曰道。

——《管子·正》

【注释】

[1] 五刑：指墨、劓、剕、宫、大辟五种刑罚。

[2] 饰：通“饬”，整治。

[3] 贷（tè）：通“忒”，差错。

[4] 不得：不洋洋自得。

[5] 弊：断，裁断。

[6] 径：小路，斜路，引申为走邪路。

[7] 生：通“性”，品性。

[8] 庸：用。

[9] 蔽：挡，防。

[10] 付：通“附”，亲附，依附。

【译文】

制定五种刑罚，每种刑罚都应与其罪名相符，受刑罚的罪人无所抱怨，不犯法的良民不生惊恐，这叫作“刑”。以德行规正民众，以刑威制服民众，以武力控制民众，以文治整治民众，出令严格，而使民众遵守，这叫作“政”。立法像四时更替一样没有差错，像星辰一样没有变更，像昼夜、阴阳一样循环不止，像日月一样恒久明亮，这叫作“法”。爱护民众，生养民众，育成民众，为民众谋福利而不洋洋自得，天下百姓都来亲近他，这叫作“德”。无私德私怨，无私好私恶，万事万物都本乎一，阴阳法度相同，这叫作“道”。用刑律来断案，用政治来推行命令，用法度来遏制民众，用德化来教养民众，用道理来启发民众。用刑律来进行裁断，不要错伤人命。施行政令以断绝民众的贪欲，不使他们走上邪路。用法度遏制民众以正其志意，不使他们存有侥幸心理。用德化教养百姓以改变其恶习，必须从自身做起。启发民众省察其品性，一定要遵循正理。施之以刑，民众就会用心而且敬谨。施之以政，民众就会诚信而且顺从。施之以德，民众就会平和而且安静。施之以道，民众就会亲附而不争斗。判罪合乎罪名叫作“刑”，发布政令合乎时序叫作“政”，合乎成规而不改变叫作“法”，爱民而无私心叫作“德”，合乎民心所向叫作“道”。

【点评】

此段论述详细阐释了何谓刑、政、法、德、道，并探讨了刑、政、法、德、道在国家治理中的不同功能。刑律用以断案，民众会用心而且敬谨；政治用以推行政令，民众会诚信而且顺从；法度用以遏制民众，民众就没有侥幸之心；德化用以教养民众，民众会平和而且安静；道理用以启发民众，民众会亲附而不争斗。由此可以看出《管子》思想体系的一体多面性，刑、政、法、德、道各司其职，相辅相成。“法”是立足于国家层面的权威性的典范，律、令、刑都包含在法的范畴之内，对人的行为具有强制性的引导和约束作用，从而发挥其正人志意的功能。《管子》的法治思想在当时社会有着很大的进步意义，也是我们当今社会法治建设重要的思想资源。

三、富民

【原文】

凡有地牧民[1]者，务[2]在四时，守在仓廪[3]。国多财，则远者[4]来；地辟举[5]，则民留处；仓廪实，则知礼节；衣食足，则知荣辱。上服度[6]，则六亲[7]固。四维张，则君令行。故省刑之要，在禁文巧[8]；守国之度，在饰四维[9]；顺[10]民之经，在明鬼神、祗山川[11]、敬宗庙、恭祖旧。不务天时，则财不生；不务地利，则仓廪不盈；野芜旷，则民乃菅[12]；上无量[13]，则民乃妄；文巧不禁，则民乃淫；不璋两原[14]，则刑乃繁。不明鬼神，则陋民[15]不悟；不祗山川，则威令不闻；不敬宗庙，则民乃上校[16]；不恭祖旧，则孝悌[17]不备。四维不张，国乃灭亡。

——《管子·牧民》

【注释】

［1］牧民：治理民众。牧，放牧，引申为治理、统治。

［2］务：事务，从事。四时：春、夏、秋、冬四季农事。

［3］仓廪（lǐn）：储藏粮食的仓库。仓，储藏谷物处，通常是方形。廪，储

藏稻米处，通常是圆形。

[4] 远者：远方的民众。古代认为能吸引远方的民众前来投奔，是国家治理良好的体现。

[5] 辟举：开发耕种全面。举，尽，皆。

[6] 服度：穿戴、器物、车舆等服用合乎法度礼数。度，合乎法度。

[7] 六亲：血缘关系较近的父母兄弟妻子六种亲属，泛指同姓宗亲。

[8] 禁文巧：指禁止奢侈。文，过分的纹饰。巧，过分奇巧之物。

[9] 饰四维：即整饬四维。饰，通“饬”，指整饬，整顿，整治。四维，指礼、义、廉、耻四种维系国家存续的道德纲领。维，原指绳索，引申为纲领、纲纪之义。

[10] 顺：通“训”，指教化民众。

[11] 祇（zhī）山川：敬奉山川神灵。祇，敬奉，祭祀。山川，山川神灵。

[12] 菅：应为“荒”。

[13] 无量：没有限量，此处指敛取无度。

[14] 不璋：不阻止。璋，应为“障”，拥挤，阻塞。两原：指“无量”“文巧”这两种罪恶的根源。原，同“源”，根源。

[15] 陋民：鄙陋之民，指缺乏礼教的未开化的小民。

[16] 上校：冲撞在上位者。校，冒犯，冲撞。

[17] 孝悌（tì）：古代基本的人伦规范。孝，善事父母。悌，恭顺兄长。

【译文】

凡是拥有封地、治理民众的君主，必须注重四时耕种，致力于农事，掌管好粮食储备。国家财力富足，远方的民众就会自动前来投奔，土地大量开发耕种，民众自然就会安心留守居住；粮仓充裕了，民众自然就会遵奉礼节；衣食无忧了，民众自然就会懂得荣耀耻辱。君主衣食住行合乎法度，六亲宗族之间自然就可以相安无事，和睦稳固；礼、义、廉、耻四维得以宣扬，君主的法令就可以顺利贯彻执行。所以，减少刑罚的关键，在于禁止奢侈挥霍；巩固国家的要领，在于整顿四维；教化民众的根本，在于明示鬼神之礼以示尊重，依序祭祀山川以示敬奉，长拜宗庙祖先以示恭敬，侍奉宗亲故旧以示孝顺。不重视遵从天时，就不能促进生产财富；不重视充分利用土地，就不会粮仓储备丰盈。田野荒芜、耕地废弃，民众四处流荡而怠惰荒疏；君主挥霍无度，民众就胡作妄为。君主不禁止奢侈之风，民众就放纵淫逸；君主不堵塞奢侈、挥霍这两个祸根，刑罚罪恶就会频繁增多。君主不重视敬奉鬼神之礼，鄙民就无法感悟尊卑；君主不敬奉山川祭祀，威令就不能远播；君主不恭敬宗庙祖先，民众会犯上作乱；君主不恭顺宗亲故旧，孝悌之德就不完备。礼、义、廉、耻四维得不到宣扬，国家就会灭亡。

【点评】

此段论述着重阐释了《管子》重视发展农业生产、积累物质财富、反对奢侈浪费的经济思想和治国理念。其中，人们所熟知的名言“仓廪实而知礼节，衣食足而知荣辱”（《史记·管晏列传》）正是由“仓廪实则知礼节，衣食足则知荣辱”而来。此处《管子》指出了“礼”是建立在物质生活基础上这一事实，物质生活影响并制约着民众的伦理道德水平，只有在粮食储备、衣食住行等基本物质生活需求得到极大满足的前提下，民众才会有精力顾及礼仪节度、荣耀耻辱等更高层次的精神需求。物质生活富足是推行礼治教化的重要前提，只有社会经济发展到一定程度，民众的精神文明素养才会得到提高。从这一角度而言，发展生产、富国富民是推动民众通晓礼仪的重要因素，是关乎一个国家生死存续的重要手段。此处《管子》还认识到了奢侈挥霍与刑法罪恶之间的因果关系，提出了杜绝奢侈挥霍之风的廉政手段，并强调统治者自身廉洁对于民众的表率教化作用，这种廉政观念对于我国当下倡导的干部清正、政府清廉、政治清明的廉洁政治仍有积极的借鉴意义。此处有关富民、养民、教民的相关论述也反映了《管子》重视民生、以民为本的民本思想。

【原文】

凡治国之道，必先富民。民富则易治也，民贫则难治也。奚以知其然也？民富则安[1]乡重家，安乡重家则敬上畏罪，敬上畏罪则易治也。民贫则危[2]乡轻家，危乡轻家则敢陵上犯禁[3]，凌上犯禁则难治也。故治国常富，而乱国必贫。是以善为国者，必先富民，然后治之。

——《管子·治国》

【注释】

[1] 安：安心，安定。

[2] 危：忧惧，不安。

[3] 凌上：侵凌长上。凌，凌驾，侵犯。犯禁：触犯禁令，违法乱纪。

【译文】

大凡治国之道，一定要先让民众富裕起来。民众富裕就容易治理，民众穷困就难以治理。怎么知道是这样的呢？民众富裕就会安于乡居而重视家园，安于乡居而重视家园就会尊敬长上而害怕犯罪，尊敬长上而害怕犯罪也就容易治理了。民众贫困就不会安于乡居而轻视家园，不安于乡居而轻视家园就敢于侵凌长上而违法乱纪，侵凌长上而违法乱纪就难以治理了。所以太平的国家通常是富裕的，混乱的国家通常是贫穷的。所以，善于治理国家的君主，一定要先让民众富起来，然后再加以治理。

【点评】

此处《管子》明确提出了“治国必先富民”的重民思想，民众生活富裕了才能安居乐业，国家内部就会和谐稳定，而民众生活穷困时通常四散流荡，国家内部就会陷入混乱，可见国家的良好治理离不开物质生活的富足。此处《管子》认识到了富民与治国之间的重要关系，期望通过发展农业生产达到民富国强的政治愿望。

【原文】

昔者，七十九代之君[1]，法制不一，号令不同，然俱王天下者，何也？必国富而粟多也。夫富国多粟生于农，故先王贵之。凡为国之急者，必先禁末作文巧[2]。末作文巧禁则民无所游食[3]，民无所游食则必农。民事农则田垦，田垦则粟多，粟多则国富，国富者兵强，兵强者战胜，战胜者地广。是以先王知众民、强兵、广地、富国之必生于粟也，故禁末作，止奇巧，而利农事。

——《管子·治国》

【注释】

［1］七十九代之君：泛指历代君主。

［2］末作文巧：泛指奢侈品生产。末作，指非农业生产。文巧，奇淫技巧，一般为奢侈品。

［3］游食：到处游走吃饭。

【译文】

从前，历代的君主，法度不一，号令不同，然而都能一统天下，这是什么原因呢？必定是国富而粮多的缘故。而国富粮多来源于农业，所以历代圣王都重视农业。大凡治国的当务之急，一定要先禁止工商末业和奢侈品的制作。工商末业和奢侈品的制作得到禁止，那么民众就无法游荡求食，民众无法游荡求食，就必然会从事农业生产。民众从事农业生产，土地就会得到开垦；土地得到开垦，粮食就会增多；粮食增多，国家就会富裕；国家富裕，兵力就会强盛；兵力强盛，战争就可以取胜；战争取胜，土地就可以扩大。所以，先王知道增加人口、增强兵力、扩大国土、富裕国家，必须依赖于粮食，所以他们禁止发展工商业，禁止生产奢侈品，以有利于发展农业生产。

【点评】

此段论述通过反思历代先王治理天下的历史经验，总结出国富粮多是其兴盛的根本原因，指出粮食是国家政权存续的根本，强调发展农业生产的重要性。农业生产关乎国家的经济实力，关乎战争能否取胜，是影响君主一统天下的决定性因素。此处《管子》把最基础的农业生产提升到了国家战略的高度，以此确保粮食生产与安全问题。《管子》的富民主张与措施保障了农业生产的连续性，维护了社会的稳定和发展，对齐国称霸春秋起着重要的作用，对于我们今天的社会主义经济建设依然有着重要的借鉴意义。

四、爱民

【原文】

入国四旬[1]，五行九惠之教[2]。一曰老老，二曰慈幼，三曰恤孤，四曰养疾，五曰合独，六曰问疾，七曰通穷，八曰振困，九曰接绝。

所谓老老者，凡国都皆有掌老。年七十以上，一子无征，三月有馈肉[3]。八十以上，二子无征，月有馈肉。九十以上，尽家无征，日有酒肉。死，上共[4]棺椁。劝子弟，精膳食，问所欲，求所嗜。此之谓老老。

所谓慈幼者，凡国都皆有掌幼。士民有子，子有幼弱不胜养为累[5]者。有三幼者无妇征[6]，四幼者尽家无征，五幼又予之葆[7]。受[8]二人之食，能事[9]而后止。此之谓慈幼。

所谓恤孤者，凡国都皆有掌孤，士人死，子孤幼，无父母所养，不能自生者，属之其乡党知识故人[10]。养一孤者，一子无征。养二孤者，二子无征。养三孤者，尽家无征。掌孤数[11]行问之，必知其食饮饥寒、身之膌胜[12]，而哀怜之。此之谓恤孤。

所谓养疾者，凡国都皆有掌养疾。聋盲喑哑[13]、跛躄偏枯握递[14]，不耐自生者，上收而养之疾官[15]，而衣食之，殊[16]身而后止。此之谓养疾。

所谓合独者，凡国都皆有掌媒。丈夫无妻曰鳏，妇人无夫曰寡，取鳏寡而合和之，予田宅而家室之，三年然后事[17]之。此之谓合独。

所谓问疾者，凡国都皆有掌病。士人有病者，掌病以上[18]令问之。九十以上，日一问。八十以上，二日一问。七十以上，三日一问。众庶五日一问。疾甚者以告，上身[19]问之。掌病行[20]于国中，以问病为事。此之谓问病。

所谓通穷者，凡国都皆有通穷。若有穷夫妇无居处，穷宾客绝粮食，居其乡党，以闻者有赏，不以闻者有罚。此之谓通穷。

所谓振困者，岁凶[21]，庸人訾厉[22]，多死丧。弛[23]刑罚，赦有罪，散仓粟以食之。此之谓振困。

所谓接绝者，士民死上事，死战事，使其知识故人受资于上而祠[24]之。此之谓接绝也。

——《管子·入国》

【注释】

[1] 入国：指开始主掌国政。四旬：四下巡视。旬，即“巡”，巡视。

[2] 五行：交错地施行。五，通“伍”，交错之意。行，施行。教：政教。

[3] 馈肉：指官府馈赠的肉。

[4] 共：通“供”，提供。

[5] 累：拖累。

[6] 征：征役。

[7] 葆：同“褓”，此处指保姆。

[8] 受：同“授”，交付，给予。

［9］事：做事，指生活自理。

［10］属：归属，分配。知识：相知相识的人，指朋友。

［11］数：多次，经常。

［12］膌胜：指瘦弱。膌：瘦。胜：弱。

［13］喑（yīn）哑：哑巴。

［14］跛躄（bǒ bì）：指两足不能行。偏枯：指半身不遂。握递：指双手相拱不能伸展。

［15］疾官：即“疾馆”，指福利机构。官，同“馆”，场馆。

［16］殊：死。

［17］事：从事，指承担职役。

［18］以上：以君上旨意。上，指君上。

［19］身：亲自。

［20］行：巡行。

［21］岁凶：凶年。

［22］訾：疾。厉：病。

［23］弛：放松。

［24］祠：指祭祀。

【译文】

主掌国政应四处巡视，交错施行九种惠民的政教。一是老老，二是慈幼，三是恤孤，四是养疾，五是合独，六是问疾，七是通穷，八是振困，九是接绝。

所谓老老，就是城邑和国都都设有掌老之官。老人七十岁以上的，免除一个儿子的征役，每三个月就有一次官府馈赠的肉。八十岁以上的，免除两个儿子的征役，每月都有官府馈赠的肉。九十岁以上的，免除全家的征役，每日都有官府馈赠的酒肉，这些人死后，官府供给棺材椁木。还要劝勉他们的子弟，准备的饭菜要精致，询问老人的欲求，了解老人的嗜好。这就是所谓老老。

所谓慈幼，就是城邑和国都都设有掌幼之官。士民有了孩子，孩子年幼柔弱无力抚养而受到拖累的。有三个幼孩就可以免除妇女的征役，有四个幼孩就可以全家免除征役，有五个幼孩就可以提供保姆。官府发给两个人份额的食物，直到幼孩长大能生活自理为止。这就是所谓慈幼。

所谓恤孤，就是城邑和国都都设有掌孤之官。士民去世，孩子孤幼，无父母或其他人养育，不能自力更生的，就把他们分配给乡党、朋友、故人抚养。养一个孤幼孩童的，免除一个儿子的征役。养两个孤幼孩童的，免除两个儿子的征役。养三个孤幼孩童的，免除全家征役。掌孤之官要经常询问情况，必须了解孤幼的饮食饥寒、身体瘦弱情况，要关爱怜恤他们。这就是所谓恤孤。

所谓养疾，就是城邑和国都都设有掌养疾之官。耳聋、目盲、哑巴的，跛足、半身不遂、两手相拱而不能伸展的，不能自力更生的，官府就把他们收养在疾馆中，给他们提供衣食，直到他们去世为止。这就是所谓养疾。

所谓合独，就是城邑和国都都设有掌媒之官。男人无妻称为鳏，女人无夫称为寡，让鳏寡结合，给予他们农田、房舍，让他们成家，三年之后承担国家职役。这就是所谓合独。

所谓问疾，就是城邑和国都都设有掌病之官。士民生病了，掌病之官就以君上旨意慰问。九十岁以上的，每日一问。八十岁以上的，两日一问。七十岁以上的，三日一问。其他庶民，五日一问。疾病严重则告知君上，君上亲自慰问。掌病之官巡行国中，专门做慰问病人的工作。这就是所谓问病。

所谓通穷，就是城邑和国都都设有通穷之官。如果穷困夫妇没有居所，穷困宾客断了粮食，与他们同住一个乡党的，告知通穷之官的有赏，不告知通穷之官的受罚。这就是所谓通穷。

所谓振困，到了凶年，士民生病，死丧很多。就要放松刑罚，赦免罪人，开仓放粮给他们吃。这就是所谓振困。

所谓接绝，士民因为死于君上之事的，死于战事的，让他们的朋友、故人从国君处拿钱物来祭祀他们。这就是所谓接绝。

【点评】

此处讲述了《管子》设想在邦国内广泛推行九惠之教的社会救助政策，并规定了这些救助政策的具体措施和实施方案，这些惠民政令是《管子》用以扶助弱势群体的社会救助思想的集中体现，旨在使老弱鳏寡孤幼病困绝者皆有所养，救助对象的范围较广，救助措施亦因人而异。九惠之教还主张设立国家的掌老之官、掌幼之官、掌孤之官、掌养疾之官、掌媒官、掌病之官、通穷之官等各类职官，以负责老老、慈幼、恤孤、养疾、合独、问疾、通穷、振困、接绝等社会救助事务。九惠之教是《管子》爱民、安民的民本思想的具体实施，通过社会救助措施来实现君主德治天下的政治意图，揭示了国家以惠民政教养护民众则民心顺、民心顺则社稷安的治国理念。《管子》基于人道理想主义提出的九惠之教的政治设想，与《礼记·礼运》中的社会救助制度极为相似，闪耀着仁爱主义色彩与人文主义光辉，对后世的社会救助思想产生了深远的影响，对当今中国社会救助制度的完善与发展具有重要的借鉴价值。

【原文】

管子曰：“道之在天者，日[1]也；其在人者，心也。”故曰：有气则生，无气则死，生者以其气[2]。有名[3]则治，无名则乱，治者以其名。

枢言曰：爱之，利之，益之[4]，安之。”四者道之出[5]。帝王者用之，而天下治矣。帝王者，审所先所后[6]，先民与地[7]则得矣。先贵与骄[8]则失[9]矣。是故先王慎贵在所先所后。人主不可以不慎贵，不可以不慎民[10]，不可以不慎富[11]。慎贵在举贤，慎民在置官，慎富在务地[12]。故人主之卑尊轻重在此三者，不可不慎。国有宝，有器，有用[13]。城郭、险阻、蓄藏[14]，宝也；圣智[15]，器也；珠玉，末用[16]也。先王重其宝器而轻其末用，故能为[17]天下。

——《管子·枢言》

【注释】

[1] 日：太阳。

[2] 生者以其气：生机依靠的是精气。气，精气，指物质本原。

[3] 名：名分，此处指规制。

[4] 益之：使民众财富增加。益，增加。

[5] 四者道之出：以上所说的这四项内容都出自于“道”。

[6] 审所先所后：分清事情的先后次序。审，明察，分清。

[7] 先民与地：把民众和土地放在前边。

[8] 贵：高贵。骄：骄傲。

[9] 失：失去天下。

[10] 慎民：慎重对待民众安定之事。慎，慎重。

[11] 慎富：慎重设法使民众致富。富，使民众富裕。

[12] 务地：从事土地耕种。务，从事。地，指农业生产。

[13] 用：财用。

[14] 蓄藏：指粮食储备。

[15] 圣智：圣明智者，即贤才。

[16] 末用：不太重要的东西，即末业，通常指工商业。

[17] 为：治理。

【译文】

管子说："道在天上，就是太阳。道在人身上，就是心。"所以说，有了元气，便能获得生命，没有了元气，就会死亡，生命依靠元气而生存。有了名分的规制，国家就会安定；没有名分的规制，国家就会混乱；国家政治安定就是依靠名分规制来实现的。枢言指出：爱惜民众，有利于民众，使民众增加财富，使民众得到安定，这四者都是从道产生出来的。想要成就帝王事业的君主，若能运用这四者，那天下便能安定治理、得到太平了。想要成就帝王事业的君主，就要分清事情的先后次序，明晰什么事情应当放在前面做，什么事情应当放在后头做，把百姓利益和土地生产放在首位就会得到天下；把高贵的地位和骄奢的权力放在首位就会失去天下。所以先代圣王贵在善于慎重处理何者为先、何者为后的问题。君主不可不慎重对待如何使人得到尊贵的问题；不可不慎重对待如何使百姓能够安居乐业；不可不慎重对待如何使百姓富裕。谨慎对待使人尊贵之事，在于如何举用圣贤人才；谨慎对待民众安定的生活，在于如何设置官吏；谨慎对待百姓致富之事，在于如何注重开发地利、发展农业生产。所以，君主威望的高低、地位的尊卑、权力的轻重，其关键处就在这三个方面，不可不慎重处理。国家有珍宝，有器具，有财用。内外城郭、险要地势和粮食贮备，都是国家的珍宝；圣明贤才、智谋之策，可算作国家的器具；珠宝玉器，仅居于末业，只有次等的用处。先代圣王看重国家的宝物器具而看轻珠玉财用，所以能够治理好天下。

【点评】

此处《管子》明确提出爱民、利民、富民、安民的以民为本的重民思想，并将此四者视作君主安邦定国的法宝，强调民众是治国之本，对国家社稷兴亡起着根本性的作用，因而君主治理天下的首要任务是爱民富民。君主得民心的关键在于制定政令时充分考虑民众需求，顺乎民意，推行仁政，通过政治层面的爱民之策、制度层面的利民之策、经济层面的富民之策以及政令层面的安民之策赢得民心，确保民众生活安定富足，从而获得民众的支持和拥护。由此可知，爱民、利民、富民、安民是《管子》民本思想的具体展开，是构建齐国和谐安定的社会政治秩序不可或缺的治理理念，具有很强的实践性、功利性和人本主义色彩，彰显了《管子》对民众力量的敬畏和尊重，在中国古代政治思想史上占有重要地位，对于我们今天的国家治理理念仍具有积极的借鉴意义。

【原文】

桓公曰："善哉！牧民何先？"管仲对曰："有时先事，有时先政，有时先德，有时先恕[1]。飘风暴雨不为人害，涸旱不为民患，百川道[2]，年谷熟，籴贷贱，禽兽与人聚食民食，民不疾疫。当此时也，民富且骄。牧民者厚收善岁以充仓廪，禁薮[3]泽，此谓先之以事。随之以刑，敬之以礼乐，以振[4]其淫，此谓先之以政。飘风暴雨为民害，涸旱为民患，年谷不熟，岁饥籴贷贵，民疾疫。当此时也，民贫且罢。牧民者发仓廪、山林、薮泽以共其财，后之以事，先之以恕，以振其罢[5]，此谓先之以德。其收之也，不夺民财；其施之也，不失有德。富上而足下，此圣王之至事也。"桓公曰："善。"

——《管子·小问》

【注释】

[1] 恕：宽厚。

[2] 道：同"导"，疏导。

[3] 薮（sǒu）：长满水草的湖泽。

[4] 振：终止，消除。

[5] 罢：同"疲"，疲困。

【译文】

桓公说："好啊，那么治理百姓，首先要干什么？"管仲回答说："有时要先办实事，有时要先行政令，有时要先施恩德，有时要先讲宽厚。在狂风暴雨不曾危害民众的时候，在干旱灾祸不曾出现的时候，百川通畅，年谷丰熟，粮价低贱，禽兽与人一同吃粮食，人们没有疾病瘟疫。这时，民众富有而骄傲。统治者应该大量收购丰年粮食，用以充实国家仓库，禁止在山林水泽采伐捕捞，这就是先办实事。用刑法约束民众，用礼乐劝诫民众，以消除淫风邪气，这就是先行政令。如果民众遇上狂风暴雨为害，遭受干旱灾祸之患，年谷不熟，饥荒年份粮价高涨，民众多疾病瘟疫。这时，民众穷困而疲困。统治者就应开放粮仓、山林和薮泽，为民众提供财物，后谈政事，先讲宽厚，以消除民众的疲困，这就是先施行德惠。在收粮的时候不掠夺民众的财产，在施予的时候不失仁德。既富裕了国家又满足了民众，这是圣王最大的政治。”桓公说：“好。”

【点评】

此处齐桓公与管子的对话阐述了君主如何治理民众的问题。管子提醒齐桓公要以民众利益为中心，了解民间疾苦，善待民众，丰年时收购民众粮食以充实国库，灾年时为民众提供粮财以消除民众疲困，以使民众衣食无忧。而君主厚德爱民，民众自然也会亲附顺从君主，从而实现社会的稳定和发展。此段论述体现了《管子》惠民爱民的政治主张，在当时社会起到安定民心的重要作用，对于我们今天的社会治理也有很好的参考意义。

五、育人

【原文】

一年之计，莫如树谷[1]；十年之计，莫如树木；终身之计，莫如树人[2]。一树一获者，谷也；一树十获者，木也；一树百获者，人也。我苟[3]种之，如神用之[4]，举事如神，唯王之门[5]。

——《管子·权修》

【注释】

[1] 树谷：种植谷物。

[2] 树人：培育人才。

[3] 苟：假如。种：培育。

[4] 如神用之：即“用之如神”，指得心应手，此处指收到神奇的效用。

[5] 唯王之门：称王天下的不二门径。王，此处作动词，称王。门，门径。

【译文】

若是作一年的谋划，没有比种植五谷更合适的了；若是作十年的谋划，没有比种植树木更合适的了；若是作终身的谋划，没有比培育人才更合适的了。一种一年就有收成的事，是种植谷物；一种十年才有收成的事，是种植树木；一种百年才有收获的事，是培养人才。如果我们注重培养人才，就能收到神奇的效用，培养出的人才用起来得心应手，这也是称王天下的不二法门。

【点评】

此段论述主要阐释了《管子》的人才培养观，揭示了人才培养对于提高国家实力的重要作用，深刻认识到了教育长期性的内在规律，指出人才养成过程的渐进性和长期性特点。教化育人需要长期不断地熏陶、历练和引领，才能有所收效。"一年之计，莫如树谷；十年之计，莫如树木；终身之计，莫如树人"是《管子》育人思想的精华所在，对后世的教育思想产生了深远的影响，我们今天常说的"十年树木，百年树人"即来源于此。《管子》关于人才培养的思想智慧有助于我们更好地理解新时代人才强国战略，对于当今中国的教育事业具有重要的参考意义。

【原文】

先生施教，弟子是则。温恭自虚，所受是极[1]。见善从之，闻义则服[2]。温柔孝悌，毋骄恃力。志毋虚邪，行必正直。游居有常，必就有德。颜色整齐，中心必式[3]。夙兴夜寐，衣带必饬[4]。朝益暮习，小心翼翼。一此不解[5]，是谓学则[6]。

少者之事，夜寐蚤作[7]。既拚盥漱[8]，执事有恪[9]。摄衣共盥，先生乃作。沃盥彻盥，泛拚正席，先生乃坐。出入恭敬，如见宾客。危坐乡[10]师，颜色毋怍[11]。受业之纪，必由长始。一周[12]则然，其余则否。始诵必作[13]，其次则已。

——《管子·弟子职》

【注释】

［1］极：穷究。

［2］服：服膺。

［3］式：取法。

［4］饬：整饬。

［5］解：懈，懈怠。

［6］学则：学规。

［7］蚤作（zǎo zuò）：早晨起身。蚤，通“早”，早晨。

［8］拚（fèn）：打扫，洒扫。盥：洗手的器具，此处指洗手。漱：漱口。

［9］恪：恭敬。

［10］乡：通“向”，朝向。

［11］怍（zuò）：指脸色变动。

［12］一周：一遍。

［13］作：站起来。

【译文】

先生施教，弟子遵照学习。谦恭虚心，所学才能彻底。见到善就跟着做，听到义就服膺力行。性情温柔孝悌，不要骄横而自恃勇力。心志不虚伪邪魅，行为必须正直。外出居家都有常规，一定要接近有德之士。容貌神色保持端正，内心必然合乎规范。早起晚睡，衣带必须整齐。早晚学习，小心翼翼。专心遵守这些规范从不懈怠，这就是学习的准则。

少年学生的本分，要晚睡早起。早起打扫坐席前部而后洗手漱口，做事要恭敬谨慎。提着衣襟为先生准备盥洗用具，先生便起来洗漱。先生洗完后便撤掉盥具，再洒扫屋室摆好讲席，先生便坐入讲席。弟子进进出出都要恭恭敬敬，如同接待宾客一样。端正地面向老师坐着，容颜神色不得有所改变。接受先生讲课的次序，一定要从年长的同学开始。第一遍这样进行，此后则不需如此。第一次诵读要站起来，此后则不需如此。

【点评】

《弟子职》被后世视为齐国稷下学宫的学生守则，是中国古代教育史上第一部较为完备的学规。此段论述详细规定了学生学习时应有的仪态及起居应守的规矩，与《礼记》记载的学规几近相似。此处《管子》提出修身立德的教育思想，倡导学生在学习、起居、待客、饮食、洒扫等日常生活中亲身践行各项道德规范，注重学生道德习惯的养成。此处还提出尊师重道的教育理念，突出教师的尊贵地位，学生在课堂上和日常生活中都应谨守师礼，从中体会并养成良好的礼仪规范。《弟子职》为中国古代学校制定学规提供了较好的参考范本，其将道德教育融入日常生活中的教育理念影响深远，直至今日，对当今中国学校思想政治教育仍有深刻的启示意义。

【原文】

“政与教孰急？”管子曰：“夫政教相似而殊方[1]。若夫教者，摽然[2]若秋云之远，动人心之悲；蔼然若夏之静云，乃及人之体；窎[3]然若谪之静，动人意以怨；荡荡若流水，使人思之，人所生往[4]。教之始也，身必备[5]之，辟之若秋云之始见[6]，贤者、不肖者化焉。敬而待之，爱而使之，若樊[7]神山祭之。贤者少，不肖者多，使其贤，不肖恶得不化？今夫政则少则[8]，若夫成形之征[9]者也。去则少，可使人乎？”

——《管子·侈靡》

【注释】

[1] 殊方：方法不同。

[2] 摽（biāo）然：高远的样子。摽，高扬。

[3] 窎（diào）：深远，遥远。

[4] 人所生往：即最后归宿。

[5] 备：应为“服”，实行。

[6] 见（xiàn）：现。

[7] 樊（fán）：指篱笆。

[8] 少则：缺少准则。

[9] 成形之征：指带有刑罚的特征。形，通“刑”，刑罚。

【译文】

“政令与教化哪个最为急需呢？”管仲回答说：“政令与教化的作用相似而

方法不同。教化，就像秋云一样高远，能触动人心中的悲情；又好像夏天的静云一样温和，能浸及人的身体；深邃得如同泰山那样寂静，能触动人的怨思；浩浩荡荡如流水，使人思念，又令人神往。教化的开始，君主一定要以身作则，就如同秋云初现，无论贤者、不肖者都会被感化。崇敬地对待它，挚爱地使用它，就像为神山筑起篱笆而祭祀一样。贤人虽少，不肖者虽多，但教化使人转贤，不肖者怎么会不被感化呢？至于今天的政治则缺少这样的准则，很有些成就刑罚的特征。离开这点，政令还能驱使人民吗？”

【点评】

此段论述阐释了政令与教化的关系，教化是政令施行的先决条件，只有施行教化，民众通晓礼法制度，政令才能得以畅通。《管子》主张通过教化提升社会整体的道德水准，强调君主在教化民众时所起的道德示范和引领作用，指出君主以身作则，将对民众产生很大的感化作用，激发民众成贤的道德追求。君主担负着道德教化的历史使命，在形成良好的社会风气方面起着重要的引导作用，凸显了政教合一的教化特征。

【原文】

厚爱利足以亲之，明智礼[1]足以教之。上身服以先之[2]，审度量以闲之[3]，乡置师以说道[4]之。然后申之以宪令，劝[5]之以庆赏，振[6]之以刑罚。故百姓皆说[7]为善，则暴乱之行无由至矣。

——《管子·权修》

【注释】

［1］智礼：是非和礼节。

［2］上：在上位者。身服：身体力行。先：引导，表率。

［3］审：审定，明确。度量：指法规制度。闲：间隔，阻隔，此处指防范。

［4］道：同“导”，教导。

［5］劝：劝勉，勉励。

［6］振：通“震”，震慑。

［7］说：同“悦”，喜悦。

【译文】

君主能够给予厚爱和厚利，民众就会亲近君主。明确了是非和礼节，民众就能得到教化。在上位的要以身作则来引导民众，制定法规制度来防范民众，设置乡师官吏来教导民众。然后再申明法度加以约束，用奖赏加以鼓励，用刑罚加以威慑，这样，百姓就愿意做好事积德向善，暴乱的行为也就没有机会发生了。

【点评】

此段论述阐述了君主推行道德教化的主要措施，即给予民众关怀与利益、明确是非礼节、以身作则引导民众、制定法度约束民众、设置乡师官教导民众、施以赏罚鼓励和威慑民众，通过一系列教化措施引导民众积德向善，其教化思想凸显了德法相辅、礼法兼容、赏罚分明的多样性特征。由此可以看出，《管子》极为重视民众道德教化，已认识到民众道德水平对于国家治理的重要意义，将推行民众道德教化提升到了国家战略的高度，这些教育措施对于我们今天的教育事业仍有很好的启发意义。

六、治兵

【原文】

春行冬政，肃[1]。行秋政，雷。行夏政，阉[2]。十二[3]地气发，戒[4]春事。十二小卯[5]，出耕。十二天气下，赐与。十二义气[6]至，修门闾。十二清明，发禁。十二始卯[7]，合男女[8]。十二中卯，十二下卯。三卯[9]同事。八[10]举时节，君服青色，味酸味，听角声，治燥气[11]，用八数，饮于青后之井[12]，以羽兽之火[13]爨。藏不忍[14]，行欧养，坦气修通。凡物开静，形生理。合内空周外[15]，强国为圈，弱国为属[16]。动[17]而无不从，静[18]而无不同。举发以礼，时礼[19]必得。和好不基[20]，贵贱无司[21]，事变日至。

此居于图东方方外。

——《管子·幼官》

【注释】

［1］春行冬政，肃：因行政违背了四时节令，大自然时令就会反常，发生寒冷及下文“雷”等天谴现象。肃，肃杀，天气寒冷。

［2］阉：同“掩”，掩闭，指万物生长不畅。

［3］十二：指立春日之后的十二天。《幼官》记录的古老历法，以十二天为一个节气，与今天流行的“二十四节气”中十五天为一个节气的历法有所不同。地气发：地气开始上腾。

［4］戒：告诫，命令。春事：春耕之事，即农事。

［5］小卯：节气名。

［6］义气：和气。指天地和同之气。

［7］始卯：即“始卵”，指开始产卵。

［8］合男女：男婚女嫁。

［9］三卯：“小卯”“中卯”“下卯”合称三卯。同事：指三个节气行事相同。

［10］八：指“木德”之数。

［11］治燥气：调治燥热之气。

［12］青后之井：即东方井。青后，即东方青帝。

［13］羽兽之火：指南方之火。羽兽，指南方朱雀。

［14］不忍：不忍之心，恻隐之心。

［15］合内空周外：指普天之下。

［16］强国为圈，弱国为属：指强国、弱国都已服从，成为亲属。圈，通“眷”，亲眷，指附庸。属，隶属。

［17］动：有所行动。

［18］静：清静。

［19］时礼：应时循礼。

［20］基：谋，即谋害。

［21］司：通“伺”，窥伺。

【译文】

如果在春季时实行冬季时的政令，就会草木肃杀。如果实行秋季时的政令，就会雷声阵阵。如果实行夏季时的政令，就会遭逢大旱。十二天，地气上腾，君主应该颁布春耕的政令。再过十二天，时值小卯节气，君主应该颁布出门耕种的政令。再过十二天，时值天气下节气，君主应该颁布赏赐的政令。再过十二天，时值和气至节气，君主应当颁布民众修整大门和里巷的政令。再过十二天，时值清明节气，君主应该颁布开放封禁的政令。再过十二天，时值始卯节气，君主应该颁布男婚女嫁的政令。再过十二天，时值中卯节气，再过十二天，时值下卯节气。三卯期间，行事相同。八个“十二”的时光里，人君宜穿戴青色服饰，品尝酸味食物，闻听角声乐曲，调理燥热之气，取用八数并遵行“八举”要求，饮用东方青后之井的水，用南方羽兽之火来炊煮。心怀不忍之心，心存仁爱且乐养好施，使平和之气循环畅通。万物和顺安静，各得其所，顺其理致，自然生长。共普天之下，合四方内外，强国成为亲眷，弱国成为藩属。君主行动无不宾从，君主清静无不随同。举事动兵必据礼法，顺时循礼则举事必有所得。与邻国相处保持和好而不生谋害之意，无论贵贱都不窥伺，意外的事变就会堵塞住了。

这些居于“玄宫图”之东方方外。

【点评】

《幼官》篇蕴含着丰富的阴阳五行思想，主张顺应自然天时而动。无论是生产劳作，还是兴兵起事，都应遵循时节和方位的变化实施相应的政令和行动，要依据天时变化和礼义来制定举兵方略，讲究因义发兵，阐释了以德服人在克敌制胜中的关键作用。《管子》“顺时而发”“因义发兵”的治兵方略体现了用兵慎重、出兵必胜的兵学思想，注重出兵时机与出兵依据，具有鲜明的自然主义与伦理道德特征。《幼官》篇将礼义作为出兵与否的衡量尺度，说明早在先秦时期《管子》对于战争与道义的关系已有深刻的认识与考量，在中国军事思想史上可谓独树一帜，对于当今中国军事战略具有重要的借鉴价值。

【原文】

为兵之数，存乎聚财，而财无敌；存乎论工[1]，而工无敌；存乎制器，而器无敌；存乎选士，而士无敌；存乎政教[2]，而政教无敌；存乎服习[3]，而服习无敌；存乎遍知天下[4]，而遍知天下无敌；存乎明于机数[5]，而明于机数无敌。故兵未出境，而无敌者八；是以欲正[6]天下，财不盖[7]天下，不能正天下；财盖天下，而工[8]不盖天下，不能正天下；工盖天下，而器[9]不盖天下，不能正天下；器盖天下，而士不盖天下，不能正天下；士盖天下，而教不盖天下，不能正天下；教盖天下，而习不盖天下，不能正天下；习盖天下，而不遍知天下，不能正天下；遍知天下，而不明于机数，不能正天下。故明于机数者，用兵之势[10]也。大者，时[11]也；小者，计[12]也。王道非废也，而天下莫敢窥者，王者之正也。衡库者，天子之礼也。是故器成卒选，则士知胜矣。遍知天下，审御机数[13]，则独行而无敌矣。所爱之国[14]，而独[15]利之；所恶之国[16]，而独害之。则令行禁止，是以圣王贵之。胜一而服百，则天下畏之矣；立少而观多，则天下怀[17]之矣；罚有罪，赏有功，则天下从之矣。故聚天下之精财[18]，论百工之锐器；春秋角试[19]，以练精锐为右[20]；成器不课[21]不用，不试不藏。收天下之豪杰，有天下之骏雄[22]。故举[23]

之如飞鸟，动之如雷电，发之如风雨，莫当[24]其前，莫害[25]其后，独出独入，莫敢禁圉[26]。成功立事，必顺于礼义[27]，故不礼不胜天下，不义不胜人。故贤知[28]之君，必立于胜地，故正天下而莫之敢御也。

右“为兵之数”。

——《管子·七法》

【注释】

[1] 论工：考究工艺技巧，此处指军事工艺。论，通“轮”，选拔，考究。工，工艺技巧。

[2] 政教：指军队的管理教育。

[3] 服习：操练，指军事训练。

[4] 遍知天下：掌握天下各国的情况，此处指掌握各国军事情报。

[5] 机数：时机，策略。

[6] 正：匡正。

[7] 盖：超过，领先。

[8] 工：工匠，此处指工匠技能。

[9] 器：兵器。此处指兵器质量。

[10] 势：关键。

[11] 时：时机。

[12] 计：计谋。

[13] 审御：善于把握。

[14] 所爱之国：指友好国家。

[15] 独：特别，格外。

[16] 所恶之国：指敌对国家。

[17] 怀：归附，归顺。

[18] 精财：制造武器的精良材料。财，通“材”，材料。

[19] 角试：角逐比试。

[20] 练：通“拣”，挑选。右：上等，尊贵。

[21] 课：检验，检查。

[22] 有：拥有。骏雄：指勇士。

[23] 举：举行，此处指发动战争。

[24] 当：遮拦，阻挡。

[25] 害：妨碍，伤害。

[26] 禁圉（yǔ）：同“禁御”，指抵挡。圉，固定的范围，指拘禁。

[27] 礼义：一本作“理义”，道理和正义。

[28] 知：同“智”，智慧。

【译文】

治兵的方法：在于积聚财富，从而使财富的数量天下无敌；在于考究工匠的军事工艺，从而使工匠的技艺天下无敌；在于制造兵器军备，从而使兵器军备天下无敌；在于选拔士兵，从而使士兵实力天下无敌；在于军队管理教育，从而使管教水平天下无敌；在于军事训练，从而使训练工作天下无敌；在于调查各国军事情报，从而使军事情报工作天下无敌；在于把握作战时机和精心运用策略，从而在作战决策方面天下无敌。这就是说，军队还未调出国境，就已经保证这八个方面无可匹敌了。因此，要征服天下，如果财力方面不能领先于天下，就不能征服天下；财力数量能超过天下，而工匠技能不能领先于天下，就不能征服天下；工匠技能超过天下，而兵器装备不能领先于天下，就不能征服天下；兵器装备能超过天下，而士兵实力不能领先于天下，就不能征服天下；士兵实力能超过天下，而军队管理教育工作不能领先于天下，就不能征服天下；管教工作能超过天下，而军事训练不能领先于天下，就不能征服天下；训练水平能超过天下，而不能掌握各国的军事情报，就不能征服天下；掌握了各国军事情报，而不能把握战机和运用策略，就不能征服天下。所以，把握战机和运用策略是用兵作战的关键。匡正天下，首要之事是把握作战时机；其次是作战计划和布阵谋略。王道并没有废弃，天下之所以还没人敢对王位存非分之心，是因为做王的人行为正确。武库掌握在天子手里，是天子尊贵的礼制。所以，兵器制作完成，士兵经过选拔，这样战士就有了取胜的信心。掌握天下各国的军事情报，善于把握战机、精心运用策略，这样军队就可以任意而行、所向无敌了。对于友好的国家，要给予特殊的扶持；对于敌对的国家，要给予特别的惩罚。这样就能发令必行、言禁必止，从而能号令天下了，所以圣明的君主都非常重视用兵策略。战胜一个国家，从而使更多的国家臣服，天下各国都会畏惧；扶植少数国家立业，从而让多数国家看到仁德盛行，天下各国都会感怀归附；讨伐惩处有不义之罪的诸侯小国，奖励赏赐辅佐有功的国家，天下各国也都跟着服从了。因此，要汇聚天下最精良的物材，考察各种工匠制造的精锐兵器；春秋两季进行比试校验，挑选最精良锐利的列为上等；制成的兵器，不经检查试用，不能使用，不经测试合格，不能入库。再聚集招罗天下的英雄豪杰，拥有天下最勇猛的将士。这样就可以做到，举兵矫捷如飞鸟突起，动兵迅猛如雷电疾驰，发兵狂放如风雨盖地，前方无人能阻挡拦截，后方也无人能偷袭暗算，单独出击没有谁能抵抗，来去自如，无人敢于加以限制。但是，成就功勋、创立功业，一定要合乎天理与正义，不合乎天理的战争不能征服天下，不合乎正义的战争不能战胜敌人。因此，贤明智慧的君主，总是立于不败之地，所以能匡正天下而无人敢于抗拒。

以上是“为兵之数”的内容。

【点评】

《七法》篇是《管子》有关治军和用兵之道的专门论述，也是《管子》一书较为著名的军事论文，主要论述了君主治国、治军的七项原则，此段论述是七项原则之一的“为兵之数”，即君主匡正天下的用兵策略，指出克敌制胜的八大因素：一为聚财（积聚财富）、二为论工（选择工匠）、三为制器（制造兵器）、四为选士（选拔士兵）、五为政教（加强管教）、六为服习（抓紧训练）、七为遍知天下（掌握军事情报）、八为明于机数（把握时机和运用策略），此八项治兵策略阐明了战争与经济、政治、管理、礼义之间的密切关系。此处《管子》指出国家富强是强兵的基本保障，克敌制胜离不开强大的物力财力的支撑，敏锐地认识到了战争与社会经济之间的关系，强调发展农业生产是取得战争胜利的经济基础。《管子》还指出掌握各国军事情报、了解敌我双方战况是制定作战计划的前提，以己之长制敌之短，可以收到事半功倍的效果，这一作战思路与《孙子兵法》“知己知彼，百战不殆”的观点大致相同。《管子》认为“明于机数”“顺于礼义”是君主成功立业、匡正天下的关键，抓住有利的作战时机、精心运用作战策略是取得战争胜利的先决条件，合乎道义则是赢得战争胜利的根本保障，也是君主匡正天下的根本原因。《管子》的兵学思想丰富而全面，广泛吸收了先秦儒家、兵家、法家的兵学思想，在中国军事思想史上具有重要的历史地位，其中很多治兵观点至今仍值得我们借鉴，对于当今中国军队建设具有重要的启示意义。

七、乐教

【原文】

凡听徵，如负猪[1]，豕觉而骇[2]。凡听羽，如鸣马在野。凡听宫，如牛鸣窌[3]中。凡听商，如离群羊。凡听角，如雉登木以鸣，音疾以清。

——《管子·地员》

【注释】

[1] 负猪：背着小猪。负，背负，背着。

[2] 豕：大猪。觉：发觉。骇：惊骇，受到惊吓。

[3] 窌（jiào）：同“窖”，地窖，洞穴。

【译文】

凡是听“徵”音，如同背走小猪，大猪发觉骇恐而嚎叫的声音。凡是听“羽”音，如同荒野中的马叫声。凡是听“宫”音，如同关在地窖里的牛叫声。凡是听“商”音，如同离群迷途的羊叫声。凡是听“角”音，如同野鸡在树上鸣叫，音调快疾而清脆。

【点评】

此处通过五种禽畜的鸣叫声来类比宫、商、角、徵、羽五声，比较清楚地展示出徵—羽—宫—商—角五种音色由粗到细的听觉效应差别，揭示了五音调性的基本色彩。由此可知，早在先秦时期，《管子》对五音之差别已经有了比较清晰的认识和理解，在中国古代乐律史上具有重要的理论价值，其对五音的把握及听觉美感效应，对于我们今天研究中国古代音乐美学思想具有重要的参考意义。

【原文】

昔者黄帝得蚩尤而明于天道，得大常而察于地利，得奢龙而辩[1]于东方，得祝融而辩于南方，得大封而辩于西方，得后土而辩于北方。黄帝得六相而天地治，神明至。蚩尤明乎天道，故使为当时[2]；大常察乎地利，故使为廪者[3]；奢龙辩乎东方，故使为土师[4]；祝融辩乎南方，故使为司徒；大封辩乎西方，故使为司马；后土辩乎北方，故使为李[5]。是故春者土师也，夏者司徒也，秋者司马也，冬者李也。昔黄帝以其缓急作立五声[6]，以政[7]五钟，令其五钟，一曰青钟大音，二曰赤钟重心，三曰黄钟洒光，四曰景钟昧其明，五曰黑钟隐其常。五音既调，然后作立五行以正天时，五官以正人位。人与天调[8]，然后天地之美生。

——《管子·五行》

【注释】

［1］辩：明察。

［2］当时：掌管时令的官员。当，主管。时，时令。

［3］廪者：掌管粮仓的官员。廪，谷仓，粮仓。

［4］土师：掌管土木的官员。

［5］李：同“理”，即掌管法令的官员。

［6］作立五声：原文为“作五声”，据王念孙说补为“作立五声”。作，开始。

［7］政：同“正”，规正，调正。

［8］调：协调。

【译文】

从前，黄帝得蚩尤为相而明察天道，得大常为相而明察地利，得苍龙为相而明察东方，得祝融为相而明察南方，得大封为相而明察西方，得后土为相而明察北方。黄帝得六相而天地大治，神明降临。蚩尤通晓天道，所以黄帝任命他为“当时”；大常通晓地利，所以黄帝任命他为“廪者”；苍龙明察东方，所以黄帝任命他为“土师”；祝融明察南方，所以黄帝任命他为“司徒”；大封明察西方，所以黄帝任命他为“司马”；后土明察北方，所以黄帝任命他为“李”。因此，春官是土师，夏官是司徒，秋官是司马，冬官是理官。从前，黄帝根据声音的缓急差别来制定五声，用五声来规正五钟的音调，命定这五钟音调的名称，第一叫作青钟大音，第二叫作赤钟重心，第三叫作黄钟洒光，第四叫作景钟昧其明，第五叫作黑钟隐其常。五声调整好了，然后开始确定五行来规正天时，确定五官来规正人位。人事与天道协调了，那么天地之间的美好事物就产生了。

【点评】

在《管子》看来，黄帝制定五声是为了规正五钟，确定五行是为了规正天时，确定五官是为了规正人位，说明《管子》重视五行与四时之间、天道与人道之间的关系，五行与四时、天道与人道之间存在相互对应的有机联系，彼此协调统一，天地自然就会和谐美好。此处《管子》借用五声与五行的关系比拟人事，告诫君主在国家治理中要善于协调社会各阶层之间的分工与关系，只有社会各阶层之间彼此和谐有序，整个国家才能和谐有序。此段论述强调音乐在构建和谐社会中的重要性，体现了《管子》音乐思想中乐教的德治功能。

【原文】

凡人之生也，必以平正[1]。所以失之，必以喜怒忧患。是故止怒莫若诗，去忧莫若乐，节乐[2]莫若礼，守礼莫若敬，守敬莫若静。内静外敬，能反[3]其性，性将大定[4]。

——《管子·内业》

【注释】

［1］平正：平和中正。

［2］节乐（lè）：节制享乐。乐，享受快乐。

［3］反：同“返”返还，回归。

［4］定：稳定。

【译文】

凡是人的生命，一定要保持平和中正。生命之所以失去中正平和，一定是由于喜怒忧患的失当。所以制止愤怒莫过于诗歌，消除忧愁莫过于音乐，节制享乐莫过于守礼，遵守礼仪莫过于保持恭敬，保持恭敬莫过于内心虚静。内心虚静而外表恭敬，就能回归生命本性，这样性情就会充分稳定。

【点评】

此段论述体现了《管子》音乐思想中“和”的审美精神，强调诗歌、音乐具有调节人的喜怒忧乐等情感的作用，礼仪则有节制人的享乐主义的作用，揭示了礼乐对于人性的调节功能。《管子》主张音乐要合乎礼制要求，并将礼乐之道归于内静外敬的人性修养观，内静则可节制反省自我，外敬则可使行为得体，如此才能保持人之平和中正的本性。《管子》这一礼乐思想与《乐记》“乐由中出，礼自外作。乐由中出故静，礼自外作故文”的观点几近相似，主张通过礼对乐的调和作用来节制过分的欲望，以期达成自我内在的平和状态，进而达成整个社会的和谐有序。

【原文】

夫男不田，女不缁[1]，工技力于无用，而欲土地之毛，仓库满实，不可得也。土地不毛则人不足，人不足则逆气生，逆气生则令不行。然强敌发而起，虽善者不能存。何以效[2]其然也？曰：昔者桀、纣是也。诛贤忠，近谗贼之士而贵妇人，好杀而不勇，好富而忘贫，驰猎无穷，鼓乐无厌，瑶台玉餔不足处[3]，驰车千驷[4]不足乘材，女乐三千人，钟石丝竹之音不绝。百姓罢乏，君子无死，卒莫有人，人有反心。遇周武王，遂为周氏之禽[5]。此营于物而失其情者也，愉[6]于淫乐而忘后患者也。故设用无度，国家踣[7]。举争不时，必受其灾。

——《管子·七臣七主》

【注释】

[1] 缁：染。

[2] 效：验证。

[3] 处：满足。

[4] 驷：古代一车四马为一驷。

[5] 禽：同“擒”，指俘虏。

[6] 愉：通“偷”，苟且。

[7] 踣（bó）：跌倒，此处指国家败亡。

【译文】

如果男人不耕田，女人不染布，工匠的技巧致力于无用的器物，而希望土地上生长禾苗，仓库堆满粮食，是根本不可能的。土地不长禾苗则人民穷困，人民穷困则怨气滋生，怨气滋生则政令无法推行。一旦强敌发起攻战，即使有能干的人也难以保全国家。如何验证这种必然的结果呢？回答说：古时的夏桀、商纣就是如此。他们诛杀贤良忠臣，亲近违佞贼人而宠幸女人，喜好杀伐而鄙夷真勇，喜欢富有而不怜恤穷人，驰骋田猎没有休止，演奏音乐不知满足，华屋美食不能使他晏安，上千辆马车不够他乘坐，能歌善舞的歌舞伎三千人，钟石丝竹的音乐声不绝于耳。百姓疲敝不堪，官员不为君主致死效劳，最终无人拥护，人人都有反心，遇到周武王，便成了周朝的俘虏。这就是迷恋于物质享受而失去人情，偷安于淫乐而忘了后患的结果啊。所以财物使用没有节制，国家就会覆亡。举事不合时宜，必然遭受灾害。

【点评】

此段论述认识到了侈靡与亡国之间的因果关系，指出沉迷于淫乐、侈乐最终会导致国家覆亡的严重后果。《管子》认为君主如果贪恋于声色犬马，虽能得到一时的满足，但最终必定会使民众疲敝不堪。奢侈的歌舞、淫乱的乐声等过度的视觉享乐如同奢侈品一样，不仅会大大损伤国力，还会失去民心支持。不加节制地偷安于奢华享乐，必将陷入亡国之患。《管子》此处提出了享受音乐需要有所节制的音乐思想，主张音乐要合乎礼法制度，只有这种音乐才能起到通达人情、安顿社稷的社会功能，这一音乐思想在我们今天看来仍有其现实意义。

《墨子》

《墨子》概论

一、《墨子》成书

墨子，姓墨，名翟（dí），是墨家学派的创始人，鲁人（另说宋人或楚人）。墨子生活的年代大约是在春秋后期或者战国前期，孔子稍后，孟子之前。《史记》未为其列传，仅于《孟子荀卿列传》末附载二十四个字曰："盖墨翟，宋之大夫，善守御，为节用。或曰并孔子时，或曰在其后。"根据有限的史料，大致可以推断出，墨子出身于社会下层，早年曾亲自参加社会劳动，是一名技艺高超的能工巧匠，还是一位具有高超的战略思想和军事才能的军事家，同时还是一位杰出的思想家、科学家、教育家、社会活动家。

春秋战国时期，百家争鸣，学派林立，其中社会影响最大、门徒众多的学派有儒墨两家，《韩非子·显学》说："世之显学，儒墨也。"由此可知，墨家在当时影响很大。墨子对儒家学说不满，创立了自己的学说体系，创建了组织严密的学派——墨家，在先秦时期颇有影响。但是，自秦汉以来，墨学逐渐衰落，为《墨子》作注并阐扬的人和著作寥寥，远不如儒、道之学。墨学的真正复兴，始于清代学者对《墨子》一书的校训与整理。清代的毕沅第一次对《墨子》全文进行全面的注释与阐释，著有《墨子注》十六卷。之后有孙诒让据毕沅的《墨子注》十六卷，兼采其他各家之长，形成了《墨子间诂》，成了集大成之作。《墨子》一书主要由其门人后学记录辑集而成，大约成书于战国后期，略晚于《孟子》。《汉书》著录"《墨子》七十一卷"，《隋书·经籍志》作十五卷。今本《墨子》十五卷，五十三篇，赖《道藏》收录得以保存。《墨子》原为七十一篇，现存五十三篇，其他的十八篇均已不存。

二、《墨子》内容和思想

今本《墨子》共五十三篇，一般认为，《亲士》《修身》《所染》《法仪》《七患》《辞过》《三辩》等七篇代表墨子早期的思想。《尚贤上》《尚贤中》《尚贤下》《尚同上》《尚同中》《尚同下》《兼爱上》《兼爱中》《兼爱下》《非攻上》《非攻中》《非攻下》《节用上》《节用中》《节葬下》《天志上》《天志中》《天志下》《明鬼下》《非乐上》《非命上》《非命中》《非命下》《非儒下》等二十四篇代表了墨子成熟时期的思想精华。《经上》《经下》《经说上》《经说下》《大取》《小取》等六篇亦可独立成书为《墨经》，这六篇是墨家后期思想代表，带有总结性质。《耕柱》《贵义》《公孟》《鲁问》《公输》等五篇为墨子弟子对墨子言行的记载，是研究墨子生平事迹的主要依据。《备城门》《备高临》《备梯》《备水》《备突》《备穴》《备蛾傅》《迎敌祠》《旗帜》《号令》《杂守》等十一篇为禽子门人所记载的墨子的军事思想。

墨子出身底层，曾做过木工，深切地感受到当时底层百姓的艰难困苦，由于“饥者不得食，寒者不得衣，劳者不得息”(《非乐上》)。因此，墨子思想中有很多偏于实用的内容。故墨子虽然从儒家中学习到很多，如《墨子》书中曾多次引用古代史书和《诗》《书》等儒家经典，在《亲士》《修身》《所染》等早期著述中均能看到儒家思想的影响。但后来墨子看到儒家学说“其礼烦扰”“厚葬靡财而贫民”等弊端，认为对国家民生有害，所以就背离了儒家，创立了自己的墨家学派。故《淮南子·要略》论墨学的起源说：“墨子学儒者之业，受孔子之术，以为其礼烦扰而不说，厚葬靡财而贫民，服伤生而害事，故背周道而用夏政。”

因此，墨子主张以“兴天下之利，除天下之害”为总方针，通过“十论”来加以落实。“十论”即：兼爱、非攻；尚贤、尚同；尊天、事鬼；节用、节葬；非乐、非命。墨子认为当时社会上的矛盾主要源于人与人、国与国之间的争斗与战争，因此主张“非攻”，即反对侵略战争，坚持正义战争，宣传“兼爱”，即不分等级、不分亲疏的爱天下所有人。同时，墨子从建设性的角度出发，认为国家与社会的治理要“尚贤”和“尚同”。“尚贤”即要求各级官职都由贤者、胜任的人员来担任，“尚同”则是在“尚贤”的基础上，主张地位居下者逐层服从居上者，如家君服从国君、国君服从天子，政令、思想、言语、行动等要与圣王的意志相同一。为了对当时的天子和君王有更多的制衡，墨子提出了“尊天”和“事鬼”。尊天就是尊重上天的意志，而这个上天是存在于天子之上的“天”，因此，天的意志是天子和天下所有人必须遵循的，而天的意志是兴利除害。事鬼就是侍奉鬼神，而鬼神能扬善惩恶，这些反映了墨子受到当时历史条件制约的唯心观点。墨子为了减轻底层人民的经济负担，改善他们的生活，一方面要求发展生产，提高生产能力；另一方面要求限制王公贵族奢侈的生活，崇尚节俭，故提出节用、节葬、非乐、非命。“节用”主要强调王公贵族要崇尚节俭、节约，反对铺张浪费。“节葬”主要反对王公贵族厚葬久丧，主张薄葬短丧。“非乐”就是反对奢靡的音乐活动，提倡节约人财物力。“非命”就是否认天命对人事的支配和影响，认为一个人富贵贫贱不是天生的，而是自身努力或不努力的结果。

墨子提倡兼爱、非攻，不光停留在理论层面，而且还体现在实践层面。墨子讲求守御之术，研究制造防御器具的方法和防御战略，是一名优秀的军事家。同时，墨子还对逻辑学和物理学、几何学等自然科学有较深的造诣，对逻辑学和自然科学作出了重要贡献。墨子的这些成就在先秦学术中是独具风采的，在近代以来重视科学的风潮中，日益获得后代的重视与研究。

《墨子》选编

一、塑造君子

【原文】

吾闻之曰："非无安居也，我无安心也；非无足财也，我无足心也。"是故君子自难而易彼[1]，众人自易而难彼。君子进不败其志，内究其情，虽杂庸民，终无怨心，彼有自信者也。是故为其所难者，必得其所欲焉；未闻为其所欲[2]，而免其所恶[3]者也。

——《墨子·亲士》

【注释】

［1］自难而易彼：即严于律己宽于待人。

［2］所欲：应为“所易”，与上文“所难”相对应。

［3］所恶（wù）：与上文“所欲”相对应。恶：畏，害怕，不喜欢。

【译文】

我听说：“不是没有安定的居所，而是我的心不能安定；不是没有足够的财富，而是我的心不能满足。”因此，君子总是严于律己宽于待人，一般的人总是宽于待己严于律人。君子在得意的时候不会改变自己的志向，在不得志的时候能探究情由。虽然夹杂在庸众之中，始终没有怨心，这是因为他有自信。因此，做那些难做的事情，就一定能得到自己想要的东西；没有听说过做容易的事情，而能避免他所厌恶的结果的。

【点评】

有研究者认为，《墨子》中的《亲士》《修身》《所染》各篇中反映的思想是与墨子学派的思想不合的，说明是从儒家学说混入的。但也有研究者认为，《亲士》《修身》《所染》三篇具有较强的儒家色彩，说明此三篇为墨子受儒家影响的早期作品。综合上述，结合《墨子》中其他篇的内容和墨子一生的作为，我们认为，《亲士》《修身》《所染》三篇确实受到儒家君子学说的影响，但同时也是墨家强调严于修身、严于律己精神的反映。

《亲士》篇是《墨子》中的第一篇，主题就是呼吁君王要亲近和任用贤良之才，才能够成就霸业和治理好国家。这反映了墨子的积极用世的政治态度和选贤任能的人才思想。而就《亲士》篇中关于“君子”的这段论述，对我们今天亦有启发，从每个人的成长来看，要从小就有意识地培养人的责任意识、担当意识，使其具备良好的身心状态，能够“严于律己、宽以待人”，成为真正的“君子”。

【原文】

君子之道也，贫则见[1]廉，富则见义，生则见爱，死则见哀，四行者不可虚假，反之身者也。藏于心者无[2]以竭爱，动于身者无以竭恭，出于口者无以竭驯[3]。畅之四支[4]，接之肌肤，华发隳颠[5]而犹弗舍者，其唯圣人乎！

——《墨子·修身》

【注释】

[1] 见：同“现”。

[2] 无：发语词，无实义。

[3] 驯：雅驯、典雅的意思。

[4] 支：同“肢”。

[5] 华发隳（huī）颠：华发，即花白的头发。隳颠，即秃顶。

【译文】

君子的处世之道是，贫穷的时候就表现出清廉，富裕的时候就表现出义气，对活着的人表现仁爱，对去世的人表现哀悼，这四种行为一定不可虚情假意，因为这是反求于自身的表现。藏在心里的是无尽的仁爱，表现在身体行动上的是无比的谦恭，说出口的是无比典雅的语言。这些畅达到四肢，接触于皮肤，直到头发花白秃顶也不放弃的人，恐怕只有圣人了吧！

【点评】

《修身》篇承接上一篇《亲士》而来，着重说明了一个贤士形成的根本在于“修身”，指出了君子修身的必要性和修身的准则。在墨子看来，道德修养是为人治国的根本。而道德修养养成的具体方法是什么呢？墨子在上文中提出了“君子之道”，即“贫则见廉，富则见义，生则见爱，死则见哀”，这四种情形是四种对立而又统一的情形，往往最能够看出一个人的道德修养水平，因此，真正的君子该如何去做？墨子给出了一个标准。同时还指出对这四者终生都能一以贯之地实践的只有圣人。在这里，墨子为君子道德修养提出了一个很高的标杆，是值得君子一生去学习和践行的。

【原文】

志不强者智不达，言不信者行不果。据[1]财不能以分人者，不足与友；守道不笃、偏[2]物不博、辩是非不察者，不足与游。本不固者末必几[3]，雄而不修者其后必惰[4]，原浊者流不清，行不信者名必耗[5]。名不徒生，而誉不自长，功成名遂，名誉不可虚假，反之身者也。务言而缓行，虽辩必不听；多力而伐功[6]，虽劳必不图。慧者心辩而不繁说，多力而不伐功，此以名誉扬天下。言无务为多而务为智，无务为文而务为察。故彼[7]智无察，在身而情[8]，反其路者也。善无主于心者不留，行莫辩于身者不立。名不可简[9]而成也，誉不可巧[10]而立也，君子以身戴行者也。思利寻[11]焉，忘名忽[12]焉，可以为士于天下者，未尝有也。

——《墨子·修身》

【注释】

［1］据：拥有。

［2］偏：通“辨”，辨识。

［3］几：危险。

［4］惰：衰败、堕落。

［5］耗（hào）：败坏。

［6］伐功：夸耀自己的功劳。

［7］彼：当作“非”，不是。

［8］情：当作“惰”，懈怠。

［9］简：傲惰，怠慢。

［10］巧：伪诈。

［11］寻：深长，深远。

［12］忽：忽然，极快的。

【译文】

意志不坚强的人才智也不会通达，说话不讲信用的人行为也不会有结果。拥有财富但不愿分给别人的人，不值得与他交朋友；遵守道义不专一、辨别事物不广博、对是非分辨不清楚的人，不值得与他交往。根本不牢固的枝叶必然很危险，开始不注重修身的人以后肯定会衰败，源头浑浊的水流不会清澈，行为不诚信人的名声必然会败坏。名声不是凭空产生的，赞誉也不会自己增长，有了功劳才会有名声，名声和荣誉不可虚假，因为这是要反求于自身的。话说得多而行动迟缓，虽然擅长辩论但别人也不听他的；出力很多而夸耀自己功劳的人，虽然辛劳但是没有人认可他。聪明的人虽然心里明白却不多说，出力多却不夸耀自己的功劳，所以他的名声和荣誉才可以传遍天下。说话不在于多而在于睿智，不在于文采而在于明察。所以没有睿智就不能明察，再加上自身的懈怠，那么就要背离正道了。善良的品行如果不能在心里起到主导作用，就不能长久地保持；好的行为如果自身不能明辨，就不能树立。名声不会因为怠慢而获得，名誉不会因为伪诈而形成，君子是以身体力行达到的。在自己的利益上想得很深远，而对于自己的名声却很快忘掉了，这样做而能成为天下贤士，是从来没有的。

【点评】

《修身》中的这一段论述，是紧接着上一段的“贫则见廉，富则见义，生则见爱，死则见哀”而说的。在这一段中，墨子又详细地提出了若干条做人做事的原则，如“据财不能以分人者，不足与友；守道不笃、徧物不博、辩是非不察者，不足与游”“慧者心辩而不繁说，多力而不伐功，此以名誉扬天下”“言无务为多而务为智，无务为文而务为察”等，这些修身做人的道理今天依然适用。反之，“思利寻焉，忘名忽焉，可以为士于天下者，未尝有也”。墨子在这里通过正反两个方面的论述，对于君子如何做人做事提出了具体而又细致的建议，值得我们今天继续学习体会。

【原文】

子墨子[1]言[2]见染丝者而叹，曰："染于苍[3]则苍，染于黄则黄，所入者变，其色亦变，五入必[4]，而已则为五色矣。故染不可不慎也！"……非独国有染也，士亦有染。其友皆好仁义，淳谨畏令，则家日益，身日安，名日荣，处官得其理矣，则段干木、禽子、傅说[5]之徒是也。其友皆好矜奋[6]，创作比周[7]，则家日损、身日危、名日辱，处官失其理矣，则子西、易牙、竖刀[8]之徒是也。《诗》曰"必择所堪，必谨所堪"者[9]，此之谓也。

——《墨子·所染》

【注释】

[1] 子墨子：指墨子。墨子弟子对老师墨子的尊称，故在墨子前加一个"子"。以下其他段落中所指的"子墨子"均指"墨子"。

[2] 言：衍文，即因缮写、刻版、排版等错误而多出来的字。

[3] 苍：青。

[4] 必：通"毕"，全部。

[5] 段干木、禽子、傅说：段干木：姓段干，名木，魏文侯之师，曾从学于子夏，以品行高洁著称。禽子：即墨子的弟子禽滑（gǔ）釐（xī）。傅说（yuè）：传说为殷高宗的贤臣。傅说原为版筑的奴隶，后被举为大臣。

[6] 矜奋：骄矜炫耀。

[7] 创作比周：创作：滋生事端。比周：结党营私。

[8] 子西、易牙、竖刀：子西：春秋时楚大夫斗宜申。易牙、竖刀：均是齐桓公的大臣，桓公死后便作乱。

[9]《诗》曰“必择所堪，必谨所堪”：这里墨子所引不见于今本《诗经》，可能是逸亡的诗。“堪”当为“湛”，浸渍。必择所堪，必谨所堪：必须谨慎地选择染料，必须谨慎地对待浸染。

【译文】

墨子看到染丝的人就长叹道：丝被青色染就变成了青色，被黄色染就变成了黄色，放入的颜料变了，丝的颜色也就变了，放入五种颜色，就可以染出五种颜色。所以染色不可不慎重啊！……不单是国君会受到近臣的熏染影响，一般的士人们也会受朋友们的熏染影响。他的朋友如果都好仁义，淳朴谨慎，敬畏法令，那么他的家就会一天天富裕起来，自身也会日益安定，名声也会一天比一天显著，居官从政就得其正道了，如段干木、禽子、傅说这些人就是这样。他的朋友如果都好骄矜夸耀，滋生事端，结党营私，那么他的家就会一天天日益衰败、自身就会一天天陷入危险境地，名声就会一天比一天受辱，居官从政就失去正道了，如子西、易牙、竖刀这些人就是这样。《诗》说：“必须谨慎地选择染料，必须谨慎地对待浸染”，说的就是这个道理。

【点评】

《所染》篇以染丝作比，指出“染于苍则苍，染于黄则黄”，说明君王和诸侯选用人才的重要性，同时，也论证了一般士人选择朋友的重要性。

古语有云“近朱者赤，近墨者黑”，即是强调周围和外部环境对人的影响。而“孟母三迁”的故事，也是讲孟子的母亲为了不让孩子受到不良环境的负面影响，而主动选择良好的环境教育孩子，为孟子后来成为“亚圣”打下了坚实的基础。因此，我们可以看出，一个人的健康成长，除了自身内在的努力外，外在的环境对人的影响也很大，故不可以不谨慎。特别是在交往朋友时，更要选择良友。孔子曰："益者三友，损者三友。友直、友谅、友多闻，益矣。友便辟、友善柔、友便佞，损矣。"（《论语·季氏篇第十六》）即孔子认为，有益的朋友有三类，有害的朋友有三类。和正直的人为友，和诚信的人为友，和多闻广博有知识的人为友，是有益的。和惯于装饰外貌的人为友，和工于阿谀谄媚的人为友，和能巧言善辩的人为友，是有损害的。孔子在这里指出三种适宜交往的朋友，三种不适于交往的朋友，也是强调要注意择友。在这一点上，墨子和孔子的观点是相通的。

二、非难音乐

【原文】

程繁[1]问于子墨子曰："夫子曰：'圣王不为乐。'昔诸侯倦于听治，息[2]于钟鼓之乐；士大夫倦于听治，息于竽瑟之乐；农夫春耕夏耘，秋敛冬藏，息于聆缶[3]之乐。今夫子曰：'圣王不为乐。'此譬之犹马驾而不税[4]，弓张而不弛，无乃[5]非[6]有血气者之所不能至邪？"

子墨子曰："昔者尧舜有茅茨[7]者，且以为礼，且以为乐；汤放桀于大水[8]，环天下[9]自立以为王，事成功立，无大后患，因[10]先王之乐，又自作乐，命曰《护》，又修《九招》；武王胜殷杀纣，环天下自立以为王，事成功立，无大后患，因先王之乐，又自作乐，命曰《象》；周成王因先王之乐，又自作乐，命曰《驺虞》。周成王之治天下也，不若武王；武王之治天下也，不若成汤；成汤之治天下也，不若尧舜。故其乐逾[11]繁者，其治逾寡。自此观之，乐非所以治天下也。"

程繁曰："子曰[12]：'圣王无乐。'此亦乐已，若之何其谓圣王无乐也？"子墨子曰："圣王之名也，多寡之。食之利也，以知饥而食之者智也，因[13]为无智矣。今圣有乐而少，此亦无也。"

——《墨子·三辩》

【注释】

［1］程繁：与墨子同时的一位兼治儒墨的学者。

［2］息：休息。

［3］聆缶：聆，当为“瓴（líng）”，瓦器，盛水的瓶子。缶（fǒu）：瓦盆。

［4］税：通“脱”，解脱。

［5］无乃：只怕。

［6］非：衍文，即因缮写、刻版、排版等错误而多出来的字。

［7］茅茨：当依旧本作“第期”，人名，尧舜时代的作乐之人。

［8］大水：地名。

［9］环天下：经营天下。

［10］因：因袭，沿袭。

［11］逾：更加。

［12］子曰：根据上文，“子”上脱“夫”字，应为“夫子”，即“夫子曰”。

［13］因：当为“固”。

【译文】

程繁问墨子说：“夫子说：‘圣王不创作音乐。’过去诸侯处理政务疲倦了，就听钟鼓之类的音乐休息；士大夫处理政务疲倦了，就听竽瑟之类的音乐休息；农夫春天播种夏天耕耘，秋天收获冬天储藏，就听瓴缶之类的音乐休息。现在夫子说：‘圣王不创作音乐’，这就好比永远让马驾车而不让马解脱出来，把弓永远拉开而不让松弛，这恐怕是有血气的人所不能做到的吧？”

墨子说：“过去尧舜有第期这个人帮忙，初步又创作礼，又创作乐；商汤把夏桀流放到大水，经营天下，自立为王，事成功立，没有大的后患，沿袭先王的音乐，又自己创作音乐，命名为《护》，又修订了《九招》；周武王战胜了殷商，杀了纣王，经营天下，自立为王，事成功立，没有大的后患，沿袭先王的音乐，又自己创作音乐，命名为《象》；周成王沿袭先王的音乐，又自己创作了音乐，命名为《驺虞》。周成王治理天下不如周武王；周武王治理天下不如成汤；成汤治理天下不如尧舜。所以他们的音乐越繁复，治理天下的成绩就越少。这样看来，音乐是不能用来治理天下的。”

【点评】

《墨子》研究大家孙诒让认为《三辩》所论，即“此篇所论盖《非乐》之余义”，疑为《非乐》的残文。此篇通过墨子反复回答程繁提出的问题展开论述，是典型的问答体。墨子通过一问一答的形式，反复申说了自己的观点，即圣王治理天下一定要将音乐控制在很小的范围之内，指出“乐非所以治天下也”，并认为“故其乐逾繁者，其治逾寡”。墨子认为，统治者制作的音乐越繁复，那么他治理国家的成绩就越少。墨子的这种“非乐”的观点比较偏颇，但也能看出是针对当时的统治者极尽声乐享受所提出的批判。事实上，治理天下是一项复杂的系统工程，牵涉到经济、政治、文化等诸多方面，而仅仅将治理天下的好坏与音乐的多寡联系起来，显然是不合适也是不对的。但墨子从其一贯的立场出发，反对统治者骄奢淫逸、纵情声色，从而增加老百姓的负担，故他一直提倡“非乐”。

如果我们抛开墨子以上“非乐”的观点，只看程繁所说的音乐的作用，如诸侯处理政务疲倦了就听钟鼓一类的音乐休息，士大夫处理政务疲倦了就听竽瑟一类的音乐休息，农民在农忙之余就听瓴缶之类的音乐休息。这样就可以做到张弛有度，有利于人的身心健康。程繁所说的音乐和工作的关系，也是被今天很多音乐作用的实证研究所证实的。同时，也符合我们一般的生活经验，例如当我们学习或工作疲惫的时候，听听音乐放松休闲一下，的确可以起到精神放松和抚慰的效果。如此来看，墨子为了反对王公贵族奢靡的音乐享受，一并将底层农民的听音乐休息也否定了，未免走向了一种极端。故荀子说："墨子弊于用而不知文"（《荀子·解蔽》），指出了墨子文艺观点的实用性和功利性，即只看到眼前的实利，而没有看到文艺对人对社会所产生的潜移默化的作用。所以，我们今天要辩证地看待音乐和工作的关系。

【原文】

子墨子言曰：仁之事者[1]，必务求兴天下之利，除天下之害，将以为法乎天下。利人乎，即为；不利人乎，即止。且夫仁者之为天下度[2]也，非为其目之所美，耳之所乐，口之所甘，身体之所安，以此亏[3]夺民衣食之财，仁者弗为也。是故子墨子之所以非乐者，非以大钟、鸣鼓、琴瑟、竽笙之声以为不乐也；非以刻镂华[4]文章之色以为不美也；非以犓豢[5]煎炙之味以为不甘也；非以高台厚榭邃野[6]之居以为不安也。虽身知其安也，口知其甘也，目知其美也，耳知其乐也，然上考之不中圣王之事，下度之不中万民之利，是故子墨子曰：为乐非也。

——《墨子·非乐上》

【注释】

[1] 仁之事者：当为"仁者之事"。

[2] 度：设想、着想。

[3] 亏：损害、毁坏。

[4] 华：此字疑为多余的字，可以去掉。

［5］犓（chú）豢（huàn）：指饲养的牲畜。

［6］邃野：邃：深远。野：通“宇”，指房屋。

【译文】

墨子说：仁者做事，一定要追求兴盛天下的利益，除掉天下的祸害，做天下人的表率。有利于人的就做，不利于人的就不做。何况仁者要为天下人设想，不是为了他们自己眼睛看了觉得好看，耳朵听了觉得好听，嘴巴尝了觉得味美，身体觉得舒适，如果为了这些而损害、夺取百姓的衣食之财，仁者是不会这么做的。所以墨子反对音乐的原因，并不是认为大钟、鸣鼓、琴瑟、竽瑟的声音不好听；并不是认为刻镂文采的颜色不漂亮；并不是认为煎烤牲畜肉的味道不鲜美；并不是认为高屋楼台、深宅大院的居所不舒适。虽然身体感到舒适，口舌觉得鲜美，眼睛看了漂亮，耳朵听了快乐，然而往上考察不符合圣王的行事，往下度量不符合万民的利益，所以墨子说：从事音乐是不对的。

【点评】

《非乐》原分为上、中、下三篇，现在仅存上篇。“非乐”即反对从事音乐活动。墨子从自己的立场出发，认为凡事应该利国利民，而百姓、国家都在为生存奔波，制造乐器需要聚敛百姓的钱财，荒废百姓的生产，而且音乐还能使人耽于荒淫。因此，必须要禁止音乐。墨子强调“非乐”，主要是针对儒家的。《淮南子·要略》中认为，墨子曾学儒者之业，受孔子之术，但后来对儒家所主张的充满繁文缛节的礼仪和丧葬极为不满，故另立新说，走上了与儒家针锋相对的道路。《墨子》书中曾多次引用古代史书和《书》《诗》等儒家经典，就是墨子曾学习儒家的明证，因此，墨子的确是学了儒家之业而又反对儒家之业的。后来，墨子看到儒家学说“其礼烦扰”“厚葬靡财而贫民”等弊端，认为对国家民生有害，所以背离了儒家，创立了自己的学派。

儒家以“《诗》、《书》、礼、乐”作为教化百姓、实行仁政的手段之一，强调礼乐，更多的是从价值论的角度加以提倡。在《论语》中有多处讲到礼乐文化的重要性，如孔子说“兴于诗、立于礼、成于乐”，就是强调一个人在成长的过程中要经历的先后教育顺序，其中特别强调了诗、礼和乐对人教育的重要性。而墨子主张的“非乐”，更多的是从功用论的角度加以强调。墨子生活的时代是一个物质极度匮乏的时代，也是一个战乱频发的时代，底层百姓生活在水深火热之中。墨子从底层百姓的立场出发，反对上层统治者为了自己享受而穷奢极欲，所以墨子主张：虽然身体感到舒适，口舌觉得鲜美，眼睛看了漂亮，耳朵听了快乐，然而往上考察不符合圣王的行事，往下度量不符合万民的利益，因此墨子说：从事音乐是不对的。由此可以看出，墨子“非乐”的出发点还是百姓和国家，即百姓和国家都在为生存而奔波，君王不应该为了一己之私欲而去享乐。君王做任何事情均要以利国利民为根本，要以生产建设为根本，与之背道而驰的均要被摒弃。而音乐既不能产生粮食和物品，又要花费大量的人力物力，所以墨子对音乐多加非难。

【原文】

民有三患：饥者不得食，寒者不得衣，劳者不得息，三者民之巨患也。然即当[1]为之撞巨钟、击鸣鼓、弹琴瑟、吹竽笙而扬干戚[2]，民衣食之财将安可得乎？即我以为未必然也。意舍此[3]。今有大国即攻小国，有大家即伐小家，强劫弱，众暴寡，诈欺愚，贵傲贱，寇乱盗贼并兴，不可禁止也。然即当为之撞巨钟、击鸣鼓、弹琴瑟、吹竽笙而扬干戚，天下之乱也，将安可得而治与？即我未必然也。是故子墨子曰：姑尝厚措敛乎万民，以为大钟、鸣鼓、琴瑟、竽笙之声，以求兴天下之利，除天下之害，而无补也。是故子墨子曰：为乐非也。

——《墨子·非乐上》

【注释】

［1］当：通“尝”，试。

［2］干戚：干：盾。戚：古代一种兵器，即斧钺。

［3］意舍此：意：通“抑”。“意舍此”即“抑舍此”，那么抛开这点不谈。

【译文】

百姓有三种忧患：饥饿的人得不到食物，寒冷的人得不到衣服，劳累的人得不到休息，这三者都是百姓的巨大忧患。那么试着为百姓撞巨钟、击鸣鼓、弹琴瑟、吹竽笙，举着盾牌和斧钺，百姓的衣服食物的财用就可以得到解决了吗？我认为这是不可能的。那么抛开这点不谈。现在有大国要去攻打小国，有大家族想要去掠夺小家族，强大的抢劫弱小的，人多的暴虐人少的，狡诈的欺骗愚蠢的，尊贵的傲视贫贱的，寇乱盗贼兴起而不能禁止。那么为百姓撞巨钟、击鸣鼓、弹琴瑟、吹竽笙，举着盾牌和斧钺，天下的混乱将会得到治理吗？我认为这是不可能的。所以墨子说：如果向百姓增加赋税，用来做大钟、鸣鼓、琴瑟、竽笙等乐器而得声色之美，用这来求得天下的利益，除去天下的祸害，是没有任何补益的。所以墨子说：从事音乐是不对的。

【点评】

在这段中，墨子开始便一针见血地指出，“民有三患：饥者不得食，寒者不得衣，劳者不得息，三者民之巨患也。”墨子生活的年代，社会生产力极为匮乏，社会物质两极分化严重，底层百姓挣扎在生死线上，饥饿的人没有食物，寒冷的人没有衣服，劳动的人没有休息。而诸侯王公对音乐的追求和沉溺就会转嫁到底层百姓身上，如要加强赋税，用征收上来的钱财来制造大钟、鸣鼓、琴瑟、竽笙等乐器。同时，奏响这些乐器只能带给王公贵族们享乐，而对于解决百姓生存和国家战乱等问题毫无用处。故而王公贵族喜好音乐只会给老百姓带来深重的灾难。墨子并非完全不懂得欣赏音乐之美，只是他从底层百姓的角度出发，对于当时王公诸侯沉溺于声色享受进行批判，这是具有很强的时代意义的。

【原文】

子墨子曰：“问于儒者[1]：‘何故为乐？’”曰：“乐以为乐也。”子墨子曰：“子未我应也。今我问曰：‘何故为室？’曰：‘冬避寒焉，夏避暑焉，室[2]以为男女之别也。’则子告我为室之故矣。今我问曰：‘何故为乐？’曰：‘乐以为乐也。’是犹曰：‘何故为室？’曰：‘室以为室也。’”

——《墨子·公孟》

【注释】

[1] 子墨子曰：问于儒者：应作“子墨子问于儒者曰”。

[2] 室：当为“且”。

【译文】

墨子问儒者说："为什么要从事音乐？"那人回答说："为了音乐而从事音乐。"墨子说："你没有回应我的问题。现在我问：'为什么要制造房子？'回答说：'冬天躲避寒冷，夏天躲避暑热，是为了使男女居住分开。'那么你就把建造房子的原因告诉我了。现在我问：'为什么要从事音乐？'你回答说：'为了音乐而从事音乐。'这就像是说：'为什么要建造房子？'回答说：'为了建造房子而建造房子。'"

【点评】

《公孟》篇多记载儒、墨两家激烈的争论，反映出墨家旗帜鲜明的观点。而在这一段中，则是墨子对于儒者关于"乐以为乐也"的质问。

孙诒让在《墨子间诂》中认为，乐（yuè）的本义是音乐，后引申为哀乐之乐（lè）。但是在古代，乐（yuè）与乐（lè）同音，都读乐（yuè），故儒者回答："乐以为乐也。"后，墨子以"室以为室也。"非难儒者。胡适在《中国哲学史大纲》中这样分析：儒墨两家根本的不同在于两家的哲学方法不同，逻辑不同。儒家强调理想目标，强调动机，而墨家强调达到目标的途径和后果，因此，儒家重名义，墨家重实用。故他指出，墨子处处要问一个"为什么"。例如造一所房子，先要问为什么要造房子。知道了"为什么"，方才可知道"怎样做"。知道房子的用处是"冬避寒焉，夏避暑焉，室以为男女之别"，方才可以知道怎样布置构造始能避风雨寒暑，始能分别男女内外。人生的一切行为，都是如此。墨子以为无论何种事物、制度、学说、观念，都有一个"为什么"。换言之，事物都有一个用处。知道那事物的用处，方才可以知道他的是非善恶。为什么呢？因为事物既是为应用的，若不能应用，便失了那事物的原意了，便应该改良了。

这里墨子对于儒者“乐以为乐也”的非难，其实还是与其一贯的实用主义的主张一致的，仍然强调事物的应用性，因此，音乐也不应该失去其应用性。为了非难儒者，墨子特意举了一个关于房子的类比，说出了造房子的原因在于“冬避寒焉，夏避暑焉，室以为男女之别”。而房子是一个具有应用性的典型例子，暗中对比出音乐的无用，这还是与墨子一贯的“非乐”理论主张一致的。

三、主张兼爱

【原文】

若使天下兼相爱[1]，爱人若爱其身，犹有不孝者乎？视父兄与君若其身，恶施[2]不孝？犹有不慈者乎？视弟子与臣若其身，恶施不慈？故不孝不慈亡[3]有。犹有盗贼乎？故视人之室若其室，谁窃？视人身若其身，谁贼[4]？故盗贼亡有。犹有大夫之相乱家、诸侯之相攻国者乎？视人家若其家，谁乱？视人国若其国，谁攻？故大夫之相乱家、诸侯之相攻国者亡有。若使天下兼相爱，国与国不相攻，家与家不相乱，盗贼无有，君臣父子皆能孝慈，若此则天下治。故圣人以治天下为事者，恶得[5]不禁恶[6]而劝爱？故天下兼相爱则治，交相恶则乱。故子墨子曰：不可以不劝爱人者，此也。

——《墨子·兼爱上》

【注释】

［1］兼相爱：全都相亲相爱。

［2］恶（wū）施：恶，疑问代词，怎么。施：做，实行。

［3］亡（wú）：无，没有。

［4］贼：残害、伤害。

［5］恶（wū）得：恶：疑问代词，怎么，如何。恶得：怎么能。

［6］禁恶（wù）：恶：憎恨，讨厌。禁恶：禁止相互憎恨。

【译文】

倘若使天下人都相亲相爱，爱别人就像爱自己一样，还会有不孝顺的人吗？看待父亲兄弟和君王就像看待自己一样，怎么会做出不孝的事情呢？还会有不慈爱的人吗？看待弟子与臣子就像是看待自己，怎么能做出不慈爱的事情呢？所以不孝顺不慈爱的事情就没有了。这样还会有盗贼吗？看待别人的家就像是自己的家，谁会去偷窃？看待别人的身体就像是自己的身体，谁会去残害别人？所以盗贼就没有了。这样还会有大夫互相侵夺别人的封地、诸侯互相攻打对方的国家吗？看待别人的封地就像是自己的封地，谁会侵夺呢？看待别人的国家就像是自己的国家，谁还会去攻打呢？所以大夫互相侵夺对方的封地、诸侯互相攻打对方的国家的事情就没有了。倘若使天下的人都相亲相爱，国家与国家之间不互相攻打，封地和封地不互相侵夺，盗贼没有了，君臣父子都能做到孝顺和慈爱，像这样的话就天下治。所以圣人以治理天下为自己的事业，怎么能不禁止互相憎恨而劝人相爱呢？所以天下人相亲相爱则治，互相憎恨则乱。所以墨子说：不可以不劝人爱别人，就是这个道理。

【点评】

《兼爱》篇是《墨子》中的核心章节之一，也是墨子的重要思想之一。墨子主张的“兼爱”就是要天下人爱人如爱己，彼此没有任何区别的相亲相爱。墨子认为，现在天下混乱，盗贼四起，诸侯相攻，都是因为“皆起不相爱”。因此，墨子认为“若使天下兼相爱，国与国不相攻，家与家不相乱，盗贼无有，君臣父子皆能孝慈，若此则天下治。”儒家主张“仁者爱人”，也主张“爱人”，但儒家的爱是有等级差别的，墨子的“兼爱”却消除了等级差别，强调要没有任何区别的爱人。墨子提出的“兼爱”是一种理想，折射出墨子所处时代的残酷，也反映了墨子对于解决当时时代问题的独特思考。墨子伦理思想的核心是“兼爱”，“兼爱”的提出，也是服从于他的实践总目标——治理乱世的，他认为世乱的根源即是人与人不相爱。而要解决这种世乱，就要施行“兼爱”，即不分等级、不分亲疏的爱天下所有人。兼爱还表现在大国不侵略小国，国与国之间无战事，和平共处。这是墨子为当时纷争战乱频发的战国时代开出的一剂药方，虽然因其满含理想主义而未能付诸实践，但却给人类高悬起一面充满人性价值的旗帜。

四、倡导道义

【原文】

子墨子曰："万事莫贵于义。今谓人曰：'予[1]子冠履[2]，而断子之手足，子为之乎？'必不为，何故？则冠履不若手足之贵也。又曰：'予子天下而杀子之身，子为之乎？'必不为，何故？则天下不若身之贵也。争一言以相杀，是贵义于其身也。故曰：万事莫贵于义也。"

——《墨子·贵义》

【注释】

[1] 予：给予。

[2] 冠履（lǚ）：冠：帽子。履：鞋子。

【译文】

墨子说："万事没有什么比义更可贵的了。现在对人说：'给你帽子和鞋子，而砍断你的手和脚，你愿意做这样的事吗？'一定不愿意，什么原因呢？因为帽子和鞋子不如手和脚珍贵。又说：'给你天下而杀了你的身体，你愿意做这样的事情吗？’一定不愿意，什么原因呢？因为天下不如自己的身体珍贵。为了争一言而相互斯杀，是因为道义比身体更珍贵。所以说：万事没有比道义更珍贵的了。”

【点评】

墨子喜欢用生动形象的类比来讲抽象艰涩的道理，这构成了墨子行文说理的一种特点。在本段论述中，墨子首先说出了自己的观点“万事莫贵于义”，所以一切行为都要合于“义”。为了说明这个道理，墨子运用了类比手法，即用简单的事物去推理论证一个相对复杂的道理。在这一段中，墨子通过类比，说明帽子和鞋子不如手和脚珍贵，天下不如自己的身体珍贵，而道义比身体珍贵，进而说明“万事莫贵于义”。

同样的道理、同样的类比，在儒家学说中也存在。《孟子》中说：“鱼，我所欲也。熊掌，亦我所欲也。二者不可得兼，舍鱼而取熊掌者也。生，亦我所欲也。义，亦我所欲也。二者不可得兼，舍生而取义者也。”由此亦产生出一个成语“舍生取义”。“义”：儒家哲学与伦理范畴，指通过内心的自我调节使思想行为符合一定准则。《中庸》：“义者，宜也。”《说文》：“宜，所安也。”与“不义”对举，具有“善”的价值，又常与礼、仁连用。（张岱年主编《中国哲学大辞典》）

由此可见，墨子提出的“万事莫贵于义”受到儒家学说的影响，并发展出自己的“义”观。在先秦，墨家以利人、利天下解释“义”，称“义，志以天下为芬，而能能利之，不必用。”（《墨子·经说上》）肯定“义”为“天下之良宝”（《耕柱》），强调：“万事莫贵于义。”（张岱年主编《中国哲学大辞典》）由此可以看出，墨子“义”的思想仍然带有其鲜明的理论主张，是与“兼爱”和“非攻”等思想密切相关的，其出发点和最终的立足点都是利人、利天下。

【原文】

子墨子为[1]鲁阳文君曰："世俗之君子，皆知小物而不知大物。今有人于此，窃一犬一彘[2]则谓之不仁，窃一国一都则以为义。譬犹小视白谓之白，大视白则谓之黑。是故世俗之君子知小物而不知大物者，此若言之谓也。"

——《墨子·鲁问》

【注释】

[1] 为：通"谓"。

[2] 彘（zhì）：猪。

【译文】

墨子对鲁阳文君说："世俗的君子，都知道小的事物而不知道大的事物。现在这里有一个人，偷了一条狗一头猪就被称为不仁，而偷了一个国家一个都城却被称为义。这好像看到一点白被称为白，看到很多白被称为黑。所以世俗的君子只知道小的事物而不知道大的事物，就是这句话要说的意思。"

【点评】

《鲁问》篇以第一段的鲁君问墨子的大意来名篇，这是先秦子书摘取首篇二字为之命名的惯例。《鲁问》篇主要记载墨子与诸侯、弟子等人的对话，内容以"义"为核心，宣传墨子的非攻、尚贤、尚同、交相爱、交相利的主张。

如这一段中，墨子对鲁阳文君直接点出“世俗之君子，皆知小物而不知大物。”为了说明这个道理，墨子做了一个类比“窃一犬一彘则谓之不仁，窃一国一都则以为义”，这让我们想起《庄子》中的“彼窃钩者诛，窃国者为诸侯”。世俗之君子，会把偷一只狗一头猪称为不仁，而对于偷一国一都的行为却认为这是义。为了说明这个论点，墨子又运用了比喻“譬犹小视白谓之白，大视白则谓之黑”，进一步说明了世俗之君子“知小物而不知大物者”，也就是世俗之君子只知道小的道理，而不知道大的道义。墨子在这里表面上是批评世俗之君子，实际上是批评那些通过不择手段攫取权力的王公贵族。

【原文】

子墨子游，魏越[1]曰：“既得见四方之君，子则将先[2]语？”子墨子曰：“凡入国，必择务[3]而从事焉。国家昏乱，则语[4]之尚贤、尚同；国家贫，则语之节用、节葬；国家憙音湛湎[5]，则语之非乐、非命；国家淫僻无礼，则语之尊天、事鬼；国家务夺侵凌，则语之兼爱、非攻。故曰择务而从事焉。”

——《墨子·鲁问》

【注释】

[1] 魏越：墨子的弟子。

[2] 先：当为“奚”之误。奚：疑问词：何，为何？

[3] 务：要务。

[4] 语（yù）：告诉。

［5］憙（xǐ）音湛湎（miǎn）：憙：喜欢。憙音：喜欢音乐。湛湎：湛：通“沉”，即“沉湎”。湎：沉迷（多指喝酒）。

【译文】

墨子出游，魏越说：“能够见到四方的君主，您将说什么呢？”墨子说：“凡是到一个国家，一定要选择重要的事情去做。国家混乱，就告诉他们尚贤、尚同的道理；国家贫穷，就告诉他们节用、节葬的道理；国家喜好音乐沉溺于美酒，就告诉他们非乐、非命的道理；国家淫乱无礼，就告诉他们尊天、事鬼的道理；国家抢夺侵略，就告诉他们兼爱、非攻的道理。所以说一定要选择重要的事情去做。”

【点评】

墨子主张以“兴天下之利，除天下之害”为总方针，通过“十论”来加以落实。“十论”即：尚贤、尚同；节用、节葬；非乐、非命；尊天、事鬼；兼爱、非攻。墨子认为当时社会上的矛盾主要源于人与人、国与国之间的争斗与战争，因此主张“非攻”，即反对侵略战争，宣传“兼爱”，即不分等级、不分亲疏的爱天下所有人。同时，墨子从建设性的角度出发，认为国家与社会的治理要“尚贤”和“尚同”。“尚贤”即要求各级官职都由贤者、胜任的人员来担任，“尚同”则是在“尚贤”的基础上，主张地位居下者逐层服从居上者，如家君服从国君、国君服从天子，政令、思想、言语、行动等要与圣王的意志相同一。为了对当时的天子和君王有更多的制衡，墨子提出了“尊天”和“事鬼”。尊天就是尊重上天的意志，而这个上天是存在于天子之上的“天”，因此，天的意志是天子和天下所有人必须遵循的，而天的意志是兴利除害。事鬼就是侍奉鬼神，而鬼神能扬善惩恶，这些反映了墨子受到当时历史条件制约的唯心观点。墨子为了减轻底层人民的经济负担，为了改善他们的生活，一方面要求发展生产，提高生产能力，另一方面要求限制王公贵族奢侈的生活，崇尚节俭，故提出节用、节葬、非乐、非命。“节用”主要强调王公贵族要崇尚节俭、节约，反对铺张浪费。“节葬”主要反对王公贵族厚葬久丧，主张薄葬短丧。“非乐”就是反对奢靡的音乐活动，提倡节约人财物力。“非命”就是否认天命对人事的支配和影响，认为一个人富贵贫贱不是天生的，而是自身努力或不努力的结果。以上的“十论”集中反映了墨子的思想。

墨子是这样说的，也是这样做的。在《墨子》中，我们经常可以看到墨子带领着自己的弟子，常年奔波于各个诸侯国之间，积极实践墨家提出的“十论”。所以我们说墨子既是一个思想家，也是一个实干家。

《孔子家语》

《孔子家语》概论

一、《孔子家语》成书

《孔子家语》的成书过程颇为复杂。根据今本《孔子家语》三篇后序：《孔安国〈孔子家语后序〉》《〈孔子家语〉后孔安国序》和《王肃〈孔子家语序〉》所述的《孔子家语》形成和流传过程，结合相关研究，多数认为，早在先秦战国时期，《孔子家语》中的一些单篇内容已经出现，后来陆续由孔子裔孙子思主持编纂而成。经过世代累积传播，此书被记录在《汉书·艺文志》中，为“《孔子家语》二十七卷”。但此二十七卷的《孔子家语》与后来的今本十卷《孔子家语》版本并不尽同。因为种种原因，二十七卷的《孔子家语》并未传下来。西汉时期的孔子后裔孔安国设法得到之前的《孔子家语》流传下来的相关材料，抄录整理，撰辑出十卷四十四篇的今本《孔子家语》。此《孔子家语》经由孔氏家族内部家传，至三国时期由孔子后裔孔猛将其献给当时的大儒王肃。王肃为十卷四十四篇的今本《孔子家语》作注并公之于世，成为《孔子家语》研究的开端，王肃注也成为《孔子家语》的第一个注本，为今本《孔子家语》(十卷四十四篇)的流传做出了奠基性和开创性的工作。

因经学历史上的“郑王之争”，即汉魏之际经学家郑玄与王肃之间的学术之争，曾经有很长一段时间，有研究者认为，王肃为了反对郑玄，伪作《孔子家语》。受这一观点影响，《孔子家语》被视为“伪书”而长期不受重视。但根据近些年出土的文献和相关研究证明，今本《孔子家语》非王肃作伪。故今本《孔子家语》具有重要的史料和思想价值。

二、《孔子家语》内容

历史上记载孔子言行的专书有三部，一是《论语》，二是《孝经》，三是《孔子家语》。《孔子家语》最早见于《汉书·艺文志》，被著录在“六艺略”《论语》类中。从著录的类别和书名上可以看出，《孔子家语》的性质大致与《论语》相似，是记录孔子与其弟子及当时一些公卿大夫的问对诘答和言谈行事的书。《孔子家语》又名《孔氏家语》《孔圣家语》。今本《孔子家语》共十卷，四十四篇，由孔子后裔孔安国收集撰辑而成，三国时代魏国王肃作注。

《孔子家语》全书共五万七千余字，字数是《论语》的数倍之多，且有故事情节，有对话场景，汇集了孔子的大量言论，再现了孔子与弟子、时人谈论问题的许多场景，还有经过整理的孔子家世、生平、事迹以及孔子弟子的材料。《孔子家语》中的很多内容关涉重大的历史文化事件，比如有关孔子的身世、家世、求学、为政、施教等内容以及孔子周游列国、问礼老子、与国君对答以及有关礼乐制度、历史自然等的论述。由此可见，《孔子家语》是研究孔子及儒家不可或缺的丰富的资料汇编。

《孔子家语》选编

一、君子

【原文】

儒有忠信以为甲胄[1]，礼义以为干橹[2]，戴[3]仁而行，抱德而处。虽有暴政，不更其所。其自立有如此者。

——《孔子家语·儒行解第五》

【注释】

[1] 甲胄：铠甲和头盔。

[2] 干（gān）橹（lǔ）：盾牌。干，小盾。橹：大盾。

[3] 戴：尊奉。

【译文】

儒者把忠诚信义作为铠甲和头盔，把礼仪道义作为盾牌，尊奉仁德去行事，怀抱美德与人相处。虽然有暴虐的统治，但儒者不改变自己的信念。儒者追求自立就像是这个样子。

【点评】

本段文字节选自《儒行解第五》。本篇是以问答形式展开的。鲁哀公问孔子儒者的行为，孔子从多个方面详细地向鲁哀公介绍了儒者的行为。我们所选的这一段是孔子所述的儒者行为之一。在孔子看来，真正的儒者是把忠诚、信义、礼仪、道义作为自己的立身之本的，因此，他们无论是做事还是与人相处，都秉持着一颗仁德之心。这样的一种形象，似乎容易给人一种印象，即儒者是谦谦君子，略有些柔弱。但孔子很快又给出了进一步的申说，也就是当儒者面对统治者暴政的时候，儒者也不会改变自己以上这些优良的品质。孔子所说的儒者也就是“君子儒”，而不是“小人儒”，更不是后世被统治者权力扭曲的所谓“儒者”。

【原文】

曾子曰：“狎[1]甚则相简[2]，庄甚则不亲。是故君子之狎足以交欢，其庄足以成礼。”孔子闻斯言也，曰：“二三子志[3]之，孰谓参也不知礼乎！”

——《孔子家语·好生第十》

【注释】

［1］狎（xiá）：亲近。

［2］简：忽视，怠慢。

［3］志：记住。

【译文】

曾子说："人与人之间过分亲近了就会怠慢，而过分庄重了则不亲热。因此，君子应做到亲近后可以取得朋友的欢心，庄重只要能保持礼仪就可以了。"孔子听到曾子的话，说："诸君要记住这些话，谁说曾参不知道礼仪啊！"

【点评】

曾参是孔子的弟子，曾参与编纂了《论语》一书，故在《论语》中提到曾参时也将其尊称为曾子，如《论语》之《学而篇第一》就有曾子语录：曾子曰："吾日三省吾身——为人谋而不忠乎？与朋友交而不信乎？传不习乎？"（曾子说："我每天都多次反省自己——替别人办事是否做到了忠诚？与朋友交往是否做到了诚信？老师传授我的知识是否复习了？"）由此还产生了一个成语"三省吾身"，意指每日多次反省自我之行为语言。这也反映了中国传统文化、特别是儒家文化中强调人的内在修养的思想，特别是慎独和内省的思想。

在上文中，曾子就人与人之间的相处之道提出了自己的看法，其核心还在于"恰如其分"，即用礼来节制和平衡人与人之间的关系，也就是人与人的交往不要过分亲近和过分严肃，而要保持一个合理的度。对于曾子的这一观点，孔子是持肯定态度的。

【原文】

子贡问于孔子曰：“敢问君子贵玉而贱珉[1]，何也？为玉之寡而珉多欤？”孔子曰：“非为玉之寡故贵之，珉之多故贱之。夫昔者君子比德于玉：温润而泽，仁也；缜密以栗[2]，智也；廉而不刿[3]，义也；垂之如坠，礼也；叩之，其声清越而长，其终则诎然[4]，乐矣；瑕不掩瑜，瑜不掩瑕，忠也；孚尹旁达[5]，信也；气如白虹，天也；精神见于山川，地也；珪璋特达[6]，德也；天下莫不贵者，道也。《诗》云：‘言念君子，温其如玉。’[7]故君子贵之也。”

——《孔子家语·问玉第三十六》

【注释】

[1] 珉（mín）：似玉的石头。

[2] 缜密以栗（lì）：缜密：紧密貌。栗：坚硬，坚实。

[3] 廉而不刿（guì）：廉：棱角。刿：割伤。

[4] 诎（qū）然：断绝貌。

[5] 孚尹（yún）旁达：孚，通“浮”；尹，通“筠”。孚尹：指玉的晶莹光彩。旁达：发散到四方。

[6] 珪璋特达：珪璋：皆为朝会时所执的玉器。特达：直接送达。

[7] 言念君子，温其如玉：此句出自《诗经·秦风·小戎》。言：语气助词，无实义。念：想念。温：好玉以手摸之并不凉，而是温润。

【译文】

子贡问孔子："请问君子以玉为贵而以珉为贱，这是为什么呢？是因为玉少而珉多吗？"孔子说："并不是因为玉少就认为它贵重，珉多就轻贱它。从前君子将玉的品质与人的美德相比：玉温润而有光泽，像仁；紧密而又坚实，像智；有棱角而不伤人，像义；悬垂就坠下，像礼；敲击它，声音清脆而悠长，结束时戛然而止，像乐；玉的瑕疵遮掩不住玉的美好，玉的美好也遮掩不住玉的瑕疵，像忠；玉的晶莹光彩发散到四方，像信；玉的光气如白色长虹，像天；玉的精气显现于山川之间，像地；玉做的珪、璋不需要凭借他物而直接送达情意，像德；天下人没有不珍视玉的，像尊重道。《诗》说：'想念那位君子，他温润如玉一般。'所以君子以玉为贵。"

【点评】

玉器在中国古代社会中颇受士大夫的喜爱，常被用作各种配饰和器物。孔子这里再次运用了类比的修辞手法，将人的美德和玉联系在一起，用玉的十一种形态来具体类比了人的十一种美德：仁、智、义、礼、乐、忠、信、天、地、德、道。这里先从"仁、智、义、礼、乐、忠、信"开始，进而到"天、地"，再到"德、道"，层层递进、将抽象的理论和形象的比喻相结合，细腻精彩地论述了君子应该具备的德行和风采。同时，孔子还引用《诗》中的"言念君子，温其如玉"来支撑自己对君子的论述，更增加了论述的力度。这一现象被称为"赋诗言志"，即引用《诗》中的有关词句来表达自己的思想感情，这在《论语》《孟子》《左传》中十分常见。

二、礼教

【原文】

颜回谓子贡曰："吾闻诸[1]夫子：'身[2]不用礼而望礼于人，身不用德而望德于人，乱也。'夫子之言，不可不思也。"

——《孔子家语·颜回第十八》

【注释】

[1] 诸：相当于"之于"，"之"是代词，相当于现代汉语的"他、她、它"。

[2] 身：自身。

【译文】

颜回对子贡说："我听先生说过：'自身不实践礼而期望别人实践礼，自身不实践德行而期望别人实践德行，这样会引起混乱。'先生说的话，我们不可以不深思。"

【点评】

颜回和子贡都是孔子的学生，他们的事迹和言行在《论语》中多有记载。颜回是孔门七十二贤之首，也是孔子最喜欢的学生，孔子曾多次赞扬他，如《论语》之《雍也篇第六》：子曰："贤哉，回也！一箪食，一瓢饮，在陋巷，人不堪其忧，回也不改其乐。贤哉，回也！"（孔子说："贤德啊，颜回！一竹筐饭，一瓜瓢水，住在陋巷里，别人不能忍受这种忧愁，但颜回却不改变他快乐的心态。贤德啊，颜回！"）子贡是孔门十哲之一，善于雄辩，富于政治才能且长于经商，是孔子弟子中的首富。

颜回对子贡转述了孔子的话，特别强调了要想实践"礼"和"德"，就要以身作则，带头先做，这是孔子一贯的思想。如《论语》之《子路篇第十三》记载：子路问政。子曰："先之，劳之。"请益。曰："无倦。"（子路问怎样为政？孔子说："自己先带头干，再让老百姓跟着干。"（子路）请求多讲一些。（孔子）说："没有疲倦。"）子曰："其身正，不令而行；其身不正，虽令不从。"（孔子说："本身行得正，就是不发布命令百姓也会跟着干；本身品行不正，虽然发布命令但百姓也不会听从。"）子曰："苟正其身矣，于从政乎何有？不能正其身，如正人何？"（孔子说："假如端正了自己，对于从政有什么困难呢？如果不能端正自身，又怎么能端正别人呢？"）以上孔子的这些思想，均说明了一个道理，就是做领导的人，无论是做人还是做事都要以身作则、率先垂范，才能具有示范性和说服力。

【原文】

子路将行，辞于孔子。子曰："赠汝以车乎？赠汝以言乎？"子路曰："请以言。"孔子曰："不强不达，不劳无功，不忠无亲，不信无复，不恭失礼。慎此五者而已。”子路曰：“由请终身奉之。敢问亲[1]交取亲若何？言寡可行若何？长为善士而无犯若何？”孔子曰：“汝所问，苞[2]在五者中矣。亲交取亲，其忠也；言寡可行，其信乎；长为善士而无犯，其礼也。”

——《孔子家语·子路初见第十九》

【注释】

[1] 亲（xīn）：亲，通“新”。

[2] 苞：通“包”，包容，包含。

【译文】

子路将要出行，向孔子告辞。孔子说：“我是赠给你车子呢？还是赠给你几句话呢？”子路说：“请先生赠给我几句话。”孔子说：“不自强就不能自立，不劳动就没有成功，不忠诚就得不到别人的亲近，不讲信用就没有信任，不恭敬就会失礼。在这五个方面谨慎就可以了。”子路说：“仲由我将终身信奉您的教导。冒昧地问您，新结交的朋友选取亲近的如何？话少但说出的话可以实行的如何？长久地做好人而不违犯礼如何？”孔子说：“你所问的，包含在我以上提到的五个方面里了。新交的朋友中选取亲近的，这是忠诚；话语少但是说出的话能实行，这是讲信用；长久地做好人而不违犯礼仪，这就是礼。”

【点评】

子路是孔子的弟子之一，也是孔门十哲之一。子路性格刚直，好勇尚武，曾随孔子周游各国，是孔门弟子中侍奉孔子最久者。子路敢于对孔子提出批评，勇于改正自己的错误。子路与孔子的交往和言论，在《论语》中多有记载。因为在孔子弟子中，子路性格较为外向鲁莽，所以孔子对他也更多一份关心和提醒。以上所选段落就体现出孔子对子路的这份关爱。而孔子对子路提出的这五点做人做事的箴言，即“不强不达，不劳无功，不忠无亲，不信无复，不恭失礼”，对我们今天做人做事亦有着现实的价值和意义。

【原文】

孔子闲居，子张、子贡、言游侍，论及于礼。孔子曰：“居[1]！汝三人者，吾语汝，以礼周流[2]，无不遍也。”子贡越席而对曰：“敢问如何？”子曰：“敬而不中礼，谓之野；恭而不中礼，谓之给[3]；勇而不中礼，谓之逆。”子曰：“给夺慈仁。[4]”子贡曰：“敢问将何以为此中礼者？”子曰：“礼乎！夫礼，所以制中也。”子贡退。

——《孔子家语·论礼第二十七》

【注释】

[1] 居：坐下。

[2] 周流：普遍流传。

[3] 给（jǐ）：口齿伶俐，这里指言语不得体，讨好的样子。

[4] 给夺慈仁：给：言语不得体，讨好。夺：乱。慈：慈悲。仁：仁爱。

【译文】

孔子在家闲居，子张、子贡、言游陪侍，说话时说到了礼。孔子说：“坐下吧！你们三个人，我给你们讲讲礼，礼周详地运用到各处无所不遍。”子贡站起来离席回话说：“请问礼该如何？”孔子说：“表示敬意而不符合礼，称之为粗野；恭顺而不符合礼，称之为谄媚；好逞勇武而不符合礼，称之为逆乱。”孔子说：“谄媚搞乱了慈悲和仁爱。”子贡说：“请问怎么做才能做到合乎礼呢？”孔子说：“是礼啊！礼就是用来节制行为使之适中的。”子贡退下来。

【点评】

在《孔子家语》中，《论礼第二十七》集中了孔子对于什么是礼，怎样做才符合礼，礼的功用等论述。在以上的这段孔子与弟子的对话中，集中反映了孔子对于礼的作用的评价。如果没有礼的支撑和节制，那么光有“敬”“恭”和“勇”还是远远不够的。孔子之所以这么重视礼，是与其生活的年代密切相关的。因为孔子生活的春秋时代，礼崩乐坏，社会混乱不堪。所以，为了拯救当时的社会，孔子是礼乐文化的整理者、研究者、阐释者和实践者。他希望让礼成为维护社会秩序的力量，让乐成为维护社会和谐的良药。孔子的礼乐思想深刻地影响了中国传统社会，形成了源远流长的中华礼乐文化。

【原文】

子张进曰：“敢问礼何谓也？”子曰：“礼者，即事之治也，君子有其事，必有其治。治国而无礼，譬犹瞽[1]之无相[2]，伥伥[3]乎何所之？譬犹终夜有求于幽室之中，非烛何以见？故无礼则手足无所措[4]，耳目无所加，进退揖让无所制。”

——《孔子家语·论礼第二十七》

【注释】

[1] 瞽（gǔ）：盲人。

[2] 相（xiàng）：辅助、帮助，引申为帮助盲人行路的人。

[3] 伥（chāng）伥：无所适从的样子。

[4] 措（cuò）：安放。

【译文】

子张上前问：“请问礼是什么呢？”孔子说：“所谓礼，就是对事务的治理，君子有什么事务，必定有相应的治理办法。治理国家假如没有礼，就好像盲人没有扶助他的人，无所适从不知该往哪走。就像整夜在暗室中找东西，没有烛光怎么能看得见呢？因此没有了礼，那么手足就不知道放在什么地方，耳目也不知道该听什么该看什么，进退、作揖、谦让都失去了尺度。”

【点评】

孔子重视礼，将礼视为事务治理的根本。为了将这一抽象的道理说清楚，孔子运用了类比的手法。类比是基于两种不同事物或道理间的类似，借助喻体的特征，通过联想来对本体加以修饰描摹的一种文学修辞手法，也是一种说理方法。孔子将“治理国家如果没有礼”和“盲人没有助手”“暗室找东西没有蜡烛”进行类比，生动形象地把礼对于国家治理的重要性凸显出来，给人以鲜明深刻的印象，读之难忘。

【原文】

何谓人情？喜、怒、哀、惧、爱、恶、欲七者，弗[1]学而能；何谓人义？父慈、子孝、兄良、弟悌、夫义、妇听、长惠、幼顺、君仁、臣忠十者，谓之人义；讲信修睦，谓之人利；争夺相杀，谓之人患。圣人之所以治人七情，修十义，讲信修睦，尚辞让，去争夺，舍礼何以治之？饮食男女，人之大欲存焉；死亡贫苦，人之大恶存焉。欲、恶者，人之大端。人藏其心，不可测度，美、恶皆在其心，不见其色[2]，欲一以穷之，舍礼何以哉？

——《孔子家语·礼运第三十二》

【注释】

[1] 弗：副词，不。

[2] 色：外表。

【译文】

什么是人情呢？就是喜、怒、哀、惧、爱、恶、欲这七种情感，不学就能会；什么是人义呢？父亲慈爱、儿子孝顺、兄长善良、弟弟敬爱、丈夫仁义、妻子听从、长者仁惠、幼者顺从、君王宽仁、臣子忠诚，以上这十种称之为人义；讲求诚信，追求和睦，称之为人利；争夺利益，互相杀戮，称之为人患。圣人用来陶冶人的七情、培养人的十义，讲求诚信、追求和睦，崇尚谦让，消除争夺的，除了礼，还有什么方法来治理呢？食、色，是人的最基本的欲望；死亡和贫苦，是人最憎恶的事情。想要自己想要的，讨厌自己厌恶的，这是人的本性。人人藏有一颗心，不可以测度，善和恶都在心中，外表看不出来，要想用一种方法彻底地寻求，除了礼，还能怎样呢?

【点评】

孔子在此段论述中强调了“礼”的重要性。在孔子的思想中，仁与礼是两个最具核心地位的概念，如：子曰：“人而不仁，如礼何？人而不仁，如乐何？”(《论语》之《八佾篇第三》)即：孔子说：“一个人如果没有仁德，讲什么礼？一个人如果没有仁德，讲什么乐？”即外在形式的礼乐，均要以内在的仁德为根据，才有其实质的意义和价值，否则就是一种空洞且虚假的纯粹形式的礼乐了。所以，圣人要用具备了仁德的礼来陶冶人的七情、培养人的十义，讲求诚信、追求和睦，崇尚谦让，消除争夺。

【原文】

孔子食于季氏[1]，食祭[2]，主人不辞。不食亦不饮而飡[3]。子夏问曰:“礼也? ”

孔子曰：“非礼也，从主人也。吾食于少施氏[4]而饱，少施氏食我以礼，吾食祭，作而辞曰：‘疏食，不足祭也。’吾飡，而作辞曰：‘疏食，不敢以伤吾子之性。’主人不以礼，客不敢尽礼；主人尽礼，则客不敢不尽礼也。”

——《孔子家语·曲礼子夏问第四十三》

【注释】

［1］季氏：季氏也称季孙氏，是春秋时期鲁国最有权势的贵族，这一族是鲁桓公的儿子季友的后裔。

［2］食祭：古代，按照礼仪，在饮食前必定有祭这个礼仪。

［3］飡（cān）：同“餐”。比喻愉快地看或听，这里指赞美主人的饭食。

［4］少施氏：春秋时期贵族，为鲁惠公的儿子施父的后代。

【译文】

孔子在季孙氏家吃饭，在吃饭前进行食祭，主人季氏没有说祝辞。孔子没有吃饭也没有喝水，而是赞美了主人季氏的饭食。子夏问：“这样做合乎礼吗？”

孔子说：“不合乎礼，只是随从主人做罢了。我曾经在少施氏家吃过饭，吃得很饱，因为少施氏以礼来招待我吃饭，我进行食祭时，少施氏就起身辞谢说：‘粗茶淡饭，不值得行食祭啊。’我赞美少施氏的饭食，他又起身辞谢说：‘粗茶淡饭，不敢拿来损伤您的身体。’主人不以礼待客，客人也不敢尽礼相还；主人尽礼待客，那么客人不敢不尽礼相还。”

【点评】

孔子很重视礼，特别是礼对于人的教化作用，如孔子教育儿子孔鲤：“不学《诗》，无以言；不学礼，无以立。”（《论语·季氏篇第十六》）即强调：不学习《诗》，就不能准确优美地表达；不学习礼，就无法在社会上安身立命。同时，孔子也强调礼背后的“仁”的重要性，如他说：“人而不仁，如礼何？人而不仁，如乐何？”（《论语·八佾篇第三》）即：“作为人，却没有仁德，礼仪对他又有什么用呢？作为人，却没有仁德，音乐对他又有什么用呢？”因此，孔子反对没有仁德作为底色的礼仪和音乐。他所重视的是仁内礼外，仁与礼相辅相成。

同样，孔子也重视礼的对等，特别是在面对强权的时候，更是主张礼尚往来。上文中提到的季氏，是鲁国的三桓之一，长期把持鲁国的内政，将鲁国君王架空，故孔子对其十分不满，多次直接或间接地批评了季孙氏僭越的事实，这些在《论语》中多有记载。其中最有名的就是《季氏将伐颛臾》，孔子对其弟子冉有和季路不留情面的批评，其实就是对季氏的批评。因此，这一段中，孔子在季氏家吃饭，季氏没有履行主人吃饭时的礼仪，故孔子也就不履行客人吃饭时的礼仪，以此来表达对季氏的不满。

三、乐教

【原文】

孔子学琴于师襄子[1]。襄子曰："吾虽以击磬[2]为官，然能于琴。今子于琴已习，可以益矣。"孔子曰："丘未得其数[3]也。"

有间，曰："已习其数，可以益矣。"孔子曰："丘未得其志也。"

有间，曰："已习其志，可以益矣。"孔子曰："丘未得其为人也。"

有间，孔子有所缪然[4]思焉，有所睪然[5]高望而远眺[6]，曰："丘迨[7]得其为人矣。黮[8]而黑，颀[9]然长，旷如望羊[10]，奄[11]有四方，非文王其孰能为此？"师襄子避席叶拱[12]而对曰："君子圣人也，其传曰《文王操》。"

——《孔子家语·辩乐解第三十五》

【注释】

[1] 师襄子：春秋时期鲁国乐官，孔子的老师之一，孔子曾向他学习弹琴。

[2] 磬（qìng）：古代的一种打击乐器，用玉或石做成，悬在架上，形略如曲尺。

［3］数：技艺。

［4］缪然：深思貌。缪，通“穆”。

［5］睪（gāo）然：高貌。睪，通“皋”。

［6］眺（tiào）：看见。

［7］迨（dài）：近。

［8］黮（dǎn）：黑貌。

［9］颀（qí）：身子高，修长。

［10］旷如望羊：旷：志向高远。望羊：仰视的样子。

［11］奄（yǎn）：覆盖、囊括。

［12］叶拱：古时行礼的一种形式，即两手相拱靠近胸口。

【译文】

孔子向师襄子学习弹琴。师襄子说：“我虽然以击磬击得好而获得官职，但我擅长弹琴。现在你已经学会弹琴了，可以学习新的东西了。”孔子说：“我还没有掌握这首曲子的技巧呢。”

过了一段时间，师襄子说：“你已经掌握了这首曲子的技巧了，可以学习新的东西了。”孔子说：“我还没有领悟这曲子的内涵呢。”

过了一段时间，师襄子说：“你已经领悟了这首曲子的内涵了，可以学习新的东西了。”孔子说：“我还没有了解这首曲子的作者呢。”

过了一段时间，孔子穆然深思，有志向高远登高远望的神态。孔子说：“我大约知道这首曲子的作者是怎样的人了。他皮肤黝黑，身体修长，志向高远，统治四方，除了周文王，还有谁能作出这首曲子呢？”师襄子听了赶紧离开坐席，向孔子行拱手礼，说道：“您真是圣人啊，这首琴曲就是流传下来的《文王操》。”

【点评】

孔子喜欢音乐也擅长音乐，同时，还强调音乐的内涵与教化作用，这些在《论语》中有不少生动的记载。如：子谓《韶》，“尽美矣，又尽善也”。谓《武》，“尽美矣，未尽善也”。(《论语·八佾篇第三》) 即：孔子论到《韶》，说：“美极了，而且好极了。”论到《武》，说：“美极了，却还不够好。”由此生发出一个成语“尽善尽美”，就是在音乐的内容上和形式上都要好。再如：子在齐闻《韶》，三月不知肉味，曰：“不图为乐之至于斯也。”(《论语·述而篇第七》) 即：孔子到齐国听到《韶》的乐章，很长时间尝不出肉味，于是道：“想不到欣赏音乐竟到了这种境界。”这里又提到了《韶》。因为《韶》尽善尽美，所以其带给孔子强烈的道德感染和艺术美感，以至于让他很长时间都尝不出肉味。

这一段关于孔子向师襄子学琴的故事，具体生动地讲述了孔子学琴的不同阶段和不同境界。从最初掌握弹琴的技巧，到领悟曲子的内涵，再到了解了曲子的作者，实现了从技巧、内容到境界的一个不断深入的艺术实践过程。这个过程给我们的启发在于，对于任何一门艺术门类的全面掌握，要先从“技”入手并熟练掌握“技”，这是理解一种艺术门类的基础和根本。其次，要不满足于“技”，还要加强自身的艺术修养，更好地理解“技”背后的“道”。只有将“技”和“道”很好地结合起来，才能说真正掌握了一种艺术门类。音乐如此，绘画如此，文学亦是如此。

四、劝学

【原文】

孔子谓伯鱼[1]曰："鲤乎，吾闻可以与人终日不倦者，其唯学焉！其容体[2]不足观[3]也，其勇力不足惮[4]也，其祖先不足称[5]也，其族姓不足道也。终而有大名，以显闻四方、流声后裔者，岂非学之效也？故君子不可以不学，其容不可以不饬[6]，不饬无类[7]，无类失亲[8]，失亲不忠，不忠失礼，失礼不立。夫远而有光者，饬也；近而愈明者，学也。譬之污[9]池，水潦[10]注焉，萑[11]苇生焉，虽或以观之，孰知其源乎？"

——《孔子家语·致思第八》

【注释】

[1] 伯鱼：即孔子的儿子孔鲤，字伯鱼。孔子十九岁时，娶了宋人亓官氏的女儿。一年后，生了儿子伯鱼。伯鱼出生时，鲁昭公赐给孔子鲤鱼以示庆贺。因鲁国国君赐鱼而感到荣耀，故孔子给儿子起名鲤，字伯鱼。伯鱼五十岁时，先于孔子去世。

［2］容体：容貌形体。

［3］观：观赏，欣赏。

［4］惮（dàn）：畏惧。

［5］称（chēng）：称道。

［6］饬（shì）：通“饰”，修饰。

［7］类：王肃注：类，宜为貌。无类：没有容貌。

［8］亲：亲近、亲爱。

［9］污（wā）：凿地为坑。污池：水池。

［10］潦（liǎo）：古音读：lǎo。积水。

［11］雚（huán）：芦类植物。

【译文】

孔子对伯鱼说：“鲤呀，我听说可以整天使人不知厌倦的就只有学习吧！一个人的容貌形体是不值得让人观赏的，一个人的勇猛力量是不能让人畏惧的，一个人的祖先是不值得向人称道的，一个人的宗族姓氏是不值得向人说的。最后有大的名声，扬名四方、流芳后世的人，难道不是学习的效果吗？所以君子不可以不学习，容貌不可以不修饰，不修饰就没有好的容貌举止，没有好的容貌举止别人就不会有亲近，没有彼此的亲近就没有忠信，没有忠信就没有礼，失去了礼就不能在社会上立身。让人远观有光彩的，是修饰容貌的结果；让人接近感到聪明睿智的，是学习的结果。这就像一个水池，有积水注到里面，芦苇草在里面生长，虽然有人观看，谁知道它的源头呢？”

【点评】

孔子历来重视学习。在《论语》中的开篇《学而篇第一》中第一段就讲

“学而时习之，不亦说乎？”就是谈“学习”以及“学习的重要性”。除此之外，《论语》中还有多处提到“学习”。而孔子教育儿子孔鲤的故事，在《论语》中的《季氏篇第十六》中亦有记载，其中孔鲤回忆父亲孔子曾经教育他“不学《诗》，无以言；不学礼，无以立。”这里的“诗”特指“诗三百”，至汉代称为“诗经”。在先秦时期，作为一个有修养的士人一定要学习“诗”，才能具备良好的语言修辞表达能力。而不学习礼，更无法在社会上立身。孔子的这些思想在这一段中均有鲜明的体现。孔子对儿子孔鲤谆谆教诲，以“内学外饰”教导儿子，既要通过学习来增加自身的内涵，还要通过外在的容貌形体的修饰让自己立身于世。这些教育之论对于今天的家庭教育和少儿教育都还具有现实价值和意义。

【原文】

卫将军文子问于子贡曰：“吾闻孔子之施教也，先之以《诗》《书》，而道[1]之以孝悌[2]，说之以仁义，观之以礼乐，然后成之以文德。盖入室升堂者[3]，七十有余人。其孰为贤？”子贡对以不知。

——《孔子家语·弟子行第十二》

【注释】

［1］道：同“导”，引导。

［2］悌（tì）：敬爱兄长。

［3］入室升堂：最早语出《论语》之《先进篇第十一》：子曰：“由也升堂，未入于室也。”据杨伯峻先生的解释：“堂”是正厅，“室”是内室。先入门，次

升堂，最后入室，表示做学问的几个阶段。这是一个比喻。此处的“入室升堂”即沿用此，比喻跟随孔子学习学问有了真正收获。

【译文】

卫将军文子问子贡：“我听说孔子施行教育，先是教给学生有关《诗》《书》的知识，然后以孝和悌来引导他们，用仁义来说服他们，用礼乐来启示他们，然后用文德来成就他们。孔子学生中能够在学问上有真正收获的人，大概有七十余人。其中谁是最优秀的呢？”子贡回答说不知道。

【点评】

孔子是中国历史上著名的思想家、教育家、儒家学派的创始人，开创私人讲学之风，相传有弟子三千，贤人七十二个。其教育思想和教育实践，早在先秦时期就已名满天下，这从以上卫将军文子与孔子弟子子贡的对话中就可见一斑。而孔子教育学生的先后顺序，如“先是教给学生有关《诗》《书》的知识，然后以孝和悌来引导他们，用仁义来说服他们，用礼乐来启示他们，然后用文德来成就他们。”对于我们今天的教育也具有十分重要的启示。

【原文】

孔子曰：“入其国，其教可知也。其为人也，温柔敦厚[1]，《诗》教也；疏通知远[2]，《书》教也；广博易良[3]，《乐》教也；洁净精微[4]，《易》教也；恭俭庄敬[5]，《礼》教也；属辞比事[6]，《春秋》教也。故《诗》之失，愚[7]；《书》之失，诬[8]；《乐》之失，奢[9]；《易》之失，贼[10];《礼》之失，烦[11];《春秋》之失，乱[12]。其为人也，温柔敦厚而不愚，则深于《诗》者矣；疏通知远而不诬，则深于《书》者矣；广博易良而不奢，则深于《乐》者矣；洁净精微而不贼，则深于《易》者矣；恭俭庄敬而不烦，则深于《礼》者矣；属辞比事而不乱，则深于《春秋》者矣。”

——《孔子家语·问玉第三十六》

【注释】

[1] 温柔敦厚：辞气温柔，性情敦厚。

[2] 疏通知远：通达时政，远知古事。

[3] 广博易良：心胸宽广，和易善良。

[4] 洁净精微：安详沉静，推测精微。

[5] 恭俭庄敬：谦恭节俭，庄重诚敬。

[6] 属（zhǔ）辞比事：连属文辞，排比事例。

[7] 愚：愚昧。

[8] 诬：言过其实。

[9] 奢：奢侈浪费。

[10] 贼：迷信害人。

[11] 烦：烦苛琐细。

[12] 乱：乱加褒贬。

【译文】

孔子说：“进入一个国家，这个国家的教化情况就可以知道了。如果这个国家的百姓辞气温柔，性情敦厚，那么就是《诗》教化的结果；如果通达时政，远知古事，那么就是《书》教化的结果；如果心胸宽广，和易善良，那么就是《乐》教化的结果；如果安详沉静，推测精微，那么就是《易》教化的结果；如果谦恭节俭，庄重诚敬，那么就是《礼》教化的结果；如果能够连属文辞，排比事例，那么就是《春秋》教化的结果。《诗》的教化强调得过分，就会使人愚昧；《书》的教化强调得过分，就会使人言过其实；《乐》的教化强调得过分，就会使人奢侈浪费；《易》的教化强调得过分，就会使人迷信害人；《礼》的教化强调得过分，就会使人烦苛琐细；《春秋》的教化强调得过分，就会使人乱加褒贬。为人既能连属文辞，排比事例，又能不愚昧，就是深刻理解了《诗》教；既能通达时政，远知古事，又能不言过其实，就是深刻理解了《书》教；既能心胸宽广，和易善良，又能不奢侈浪费，就是深刻理解了《乐》教；既能安详沉静，推测精微，又能不迷信害人，就是深刻理解了《易》教；既能谦恭节俭，庄重诚敬，又能不烦苛琐细，就是深刻理解了《礼》教；既能连属文辞，排比事例，又能不乱加褒贬，就是深刻理解了《春秋》教。”

【点评】

“六艺之教”最初是指孔子教育学生的科目，后来一般指儒家的六部经书：《诗》《书》《礼》《易》《春秋》《乐》。在后来的传播过程中，《乐》遗失不传，故只剩下五部经书：《诗》《书》《礼》《易》《春秋》。汉代时设立五经博士，这五部经书的地位进一步获得提升，后世在此基础上，不断加入其他儒家经典，最后形成儒家“十三经”：《诗经》《尚书》《周礼》《仪礼》《礼记》《周易》《春秋左氏传》《春秋公羊传》《春秋穀梁传》《论语》《孝经》《尔雅》《孟子》。

这是孔子对“六艺之教”（即《诗》《书》《礼》《易》《春秋》《乐》六部经书的教化）的描述，即通过对于一个国家百姓文化修养的考察，可以大致推断出他们所受六艺之教的影响。例如：如果一个人表现出“温柔敦厚”的素养，那么其所受的教化主要是来自《诗》教。但如果过分敦厚，过犹不及，则会失之于愚。因此还要根据儒家的“中道”思想，既“温柔敦厚”又不失之于愚，则深刻领会了《诗》。孔子在这里对《诗》教的论述，与其在《论语》中的相关论述是一致的。如孔子评价《诗经》中的《关雎》：“乐而不淫，哀而不伤。”即《关雎》这首诗快乐而不放荡，悲哀而不痛苦，恰到好处地表现出一种中和之美。孔子还认为，整个《诗》都体现出这样一种中和之美：“《诗》三百，一言以蔽之，曰：‘思无邪’。”即《诗》三百篇，用一句话来概括它，就是“思想纯正”。同样的道理，适用于其他经典《书》《礼》《易》《春秋》《乐》等。

后 记

经过编写组全体同仁的辛勤工作,《少儿礼乐文化》(先秦卷)要和少儿读者朋友见面了。

《少儿礼乐文化》(先秦卷)系北京青少年教育与发展研究基地成果、北京青年政治学院委托项目“青少年中华礼乐文化传承研究”(项目编号:WT2020002)成果、北京青年政治学院委托项目“少儿礼乐文化教育研究”(项目编号:WT202102)成果。本书主要以先秦经典《国语》《老子》《庄子》《列子》《管子》《墨子》《孔子家语》为主要选编范围，以少儿读者为接受对象，对以上经典中适宜于少儿读者阅读和学习的礼乐内容，采用原文、注释、译文、点评的体例加以撰写，形成文本。选编与撰写者为北京青年政治学院北京东方道德研究所教师，具体分工如下:《国语》(任宝菊);《老子》《庄子》《列子》(任文利);《管子》(李伟波);《墨子》《孔子家语》(彭笑远)。全书框架、内容、体例的设计由主编整体规划、提出方案，经过反复研讨，最终成型，是主编与各位撰写者集体对话、讨论形成的结晶，均凝聚着大家的心血，感谢各位撰写者为本书所付出的辛劳。感谢课题组成员为本课题所提供的支持和帮助。感谢中国文史出版社责任编辑程凤女士专业、敬业、细致入微的编辑工作。

一本书的完成，不是结束，而是开始。《少儿礼乐文化》(先秦卷)期待着与广大少儿读者朋友们展开一段温暖而愉悦的阅读之旅。

图书在版编目（CIP）数据

少儿礼乐文化．先秦卷 / 周永源，彭笑远，李伟波主编．-- 北京：中国文史出版社，2021.12
ISBN 978-7-5205-3277-8

Ⅰ．①少… Ⅱ．①周… ②彭… ③李… Ⅲ．①礼乐—文化—中国—先秦时代—少儿读物 Ⅳ．① K892.9-49

中国版本图书馆 CIP 数据核字（2021）第 215859 号

责任编辑：程　凤

出版发行：中国文史出版社
社　　址：北京市海淀区西八里庄路 69 号院　邮编：100142
电　　话：010- 81136606　81136602　81136603（发行部）
传　　真：010-81136655
印　　装：北京新华印刷有限公司
经　　销：全国新华书店
开　　本：1/16
印　　张：18.75
字　　数：160 千字
版　　次：2022 年 5 月北京第 1 版
印　　次：2022 年 5 月第 1 次印刷
定　　价：59.80 元
